Sandra Ivette Quintero Solis

La violencia contra la mujer, su prevención como medida de seguridad

Sandra Ivette Quintero Solis

La violencia contra la mujer, su prevención como medida de seguridad

Análisis de la evolución y tratamiento de la violencia contra la mujer en Jalisco

PUBLICIA

Impressum / Aviso legal
Bibliografische Information der Deutschen Nationalbibliothek: Die Deutsche Nationalbibliothek verzeichnet diese Publikation in der Deutschen Nationalbibliografie; detaillierte bibliografische Daten sind im Internet über http://dnb.d-nb.de abrufbar.

Información bibliográfica de la Deutsche Nationalbibliothek: La Deutsche Nationalbibliothek clasifica esta publicación en la Deutsche Nationalbibliografie; los datos bibliográficos detallados están disponibles en internet en http://dnb.d-nb.de.

Coverbild / Imagen de portada: www.ingimage.com

Verlag / Editorial:
PUBLICIA
ist ein Imprint der / es una marca de
OmniScriptum GmbH & Co. KG
Bahnhofstraße 28, 66111 Saarbrücken, Deutschland / Alemania
Email / Correo Electrónico: info@editorial-publicia.com

Herstellung: siehe letzte Seite /
Publicado en: consulte la última página
ISBN: 978-3-639-64991-8

Contenido

1.- CONCEPTO DE VIOLENCIA

El concepto de violencia ha tenido a lo largo del tiempo múltiples definiciones, las cuales han variado dependiendo de la disciplina o teoría que la aborda. Por ejemplo, uno de los puntos de desacuerdo es la existencia de una definición extensa o restringida de violencia.

La forma restringida de entender la violencia es la que señala que se identifica con actos de violencia entre personas concretas, fundamentalmente actos de violencia física. De esta manera, una de las definiciones que se ha dado de violencia es " el uso intencionado de la fuerza física en contra de un semejante con el propósito de herir, abusar, robar, humillar, dominar, ultrajar, torturar, destruir o causar la muerte" (Rojas, 1995)

Sin embargo, esta definición se ve limitada al entender la violencia solamente con un carácter físico, excluyendo así excluye otras manifestaciones de violencia, como pudiera ser la violencia psicológica. Es así, que no podemos quedarnos con un concepto restringido de violencia, puesto que nos alejaríamos de la realidad, de los diferentes tipos de violencia que sufren las mujeres.

Bajo tal tesitura, un concepto restringido de violencia nos conduce a excesiva atención a actos aislados de violencia, sin considerar su posible reiteración en el tiempo y su complementariedad con otros comportamientos, que al no ser físicos no pudieran considerarse como manifestaciones violentas, lo anterior cobra importancia relevancia respecto al objeto de estudio de esta investigación, como se verá en capítulos posteriores.

Ahora bien, además de atender a otras formas de violencia no físicas y de analizar los actos de violencia aislados desde una perspectiva contextual, para esta tesis, se ha acudido a toda una serie de autores que emplean definiciones más amplias de violencia.

Por ejemplo, para Susan George, violencia sería "todo aquello que impide que la gente satisfaga sus necesidades fundamentales: alimentación, vivienda, vestido, sí, pero también dignidad" (Tortosa,1994)

En esta misma línea, se sitúan los planteamientos de Johan Galtung, para quien la violencia consistiría en amenazas evitables contra la satisfacción de las necesidades humanas básicas; disminuyendo el nivel real de satisfacción de las necesidades por debajo de lo que sería potencialmente posible. En otras palabras, "la violencia está presente cuando los seres humanos se ven influidos de tal manera que sus realizaciones efectivas, somáticas y mentales, están por debajo de sus realizaciones potenciales", de modo que "cuando lo potencial es mayor que lo efectivo, y ello es evitable, existe violencia" (Galtung. 1995)

Estas definiciones de violencia, no sólo son amplias respecto al concepto de violencia sino también respecto al propio concepto de necesidades básicas; de esta forma, cuando Johan Galtung habla de necesidades básicas, está haciendo referencia a cuatro clases de necesidades: además de las necesidades básicas de subsistencia, incorpora las necesidades de bienestar, identidad y libertad" (Galtung.1990)

De hecho, Johan Galtung distingue tres formas de violencia: violencia directa violencia estructural y violencia cultural. Estas tres formas de violencia pueden ubicarse gráficamente en los vértices de un triángulo como el que se presenta en el *gráfico 1*

Gráfico 1. Triángulo de la violencia (Johan Galtung)

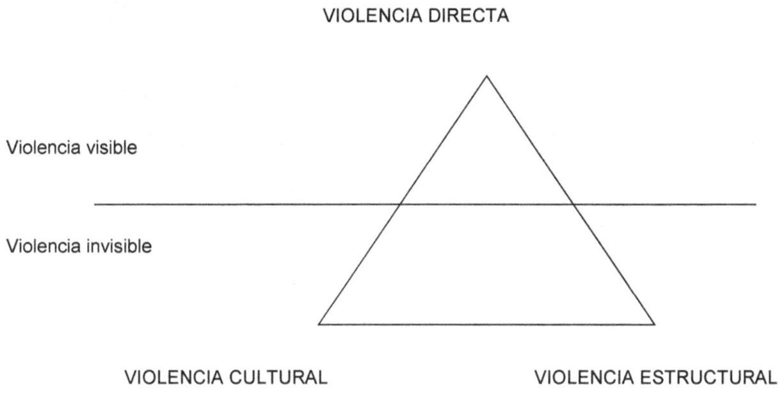

La violencia directa es aquella violencia, física y / o verbal, visible en forma de conductas. Se trata de la violencia más fácilmente visible, incluso para el ojo inexperto o desde el más puro empirismo" (Galtung. 1998)

La violencia estructural es definida como "la suma total de todos los choques incrustados en las estructuras sociales y mundiales" (Galtung. 1998)

Así, la violencia estructural hace referencia a situaciones de explotación, discriminación y marginación" (Tortosa. 1992)

Johan Galtung lo explica así:"si la gente pasa hambre cuando el hambre es objetivamente evitable, se comete violencia, sin importar que haya o no una relación clara sujeto-acción-objeto, como sucede en las relaciones económicas mundiales tal como están organizadas"(Galtung. 1985)

Y por lo que respecta a la violencia cultural, ésta puede entenderse desde dos puntos de vista. Uno es el ataque contra los rasgos culturales y la identidad colectiva de una comunidad. Y otro es que también es violencia cultural todas aquellas justificaciones que permiten y fomentan las distintas formas de violencia directa y estructural.

En conclusión la violencia cultural son los razonamientos, actitudes, ideas que promueven, legitiman y justifican la violencia en sus formas directa o estructural. (Tortosa. 2002)

Así, por ejemplo, la cultura puede conducir a ver la explotación y/o la represión como normales y naturales, o simplemente a no llegar a verlos como tales. (Galtung.1990)

Existe una estrecha interrelación entre estas tres formas de violencia; de manera que la violencia puede empezar en cualquiera de las esquinas del triángulo de la violencia y fácilmente se transmite de una esquina a otra. Por ello, Johan Galtung (1990) afirma que los intentos de actuar contra la violencia deberían afrontar el trabajo sobre los tres ángulos del triángulo a un mismo tiempo.

La paz, como reverso del triángulo de la violencia, no puede reducirse a la mera ausencia de violencia directa; sino que implica la actuación sobre los tres vértices del triángulo (incluyendo, también, la violencia estructural y la cultural).

2.- VIOLENCIA EN LA VIDA COTIDIANA

En el presente punto analizaremos la violencia que tiene lugar en el espacio público y en el lugar de trabajo.

En cuanto a la violencia en el espacio público, tanto los datos de victimización como los judiciales y penitenciarios, muestran que los principales protagonistas de este tipo de violencia, tanto en términos de agentes como de víctimas, son hombres. De esta forma, los hombres están "mucho más expuestos a sufrir agresiones de extraños o de conocidos que de personas de su círculo íntimo" (Heise y García-Moreno. 2003)

Por el contrario, la mayor probabilidad de victimización en el caso de la mujer se sitúa en el interior de relaciones familiares y, en general, por parte de personas conocidas.

Sin embargo, si ya no hablamos del peligro objetivo, sino del riesgo subjetivo que perciben las mujeres en relación al espacio público, la percepción es diferente, ya que independiente de que las mujeres son mayormente agredidas en el ámbito privado, en el hogar, de manera subjetiva sienten mayor temor a ser agredidas en el espacio público, por ejemplo el temor a ser agredidas sexualmente en la calle, que si bien es cierto son menormente probables dichas agresiones, las mujeres las perciben como una posibilidad de violencia en su contra.

Así, muchas veces se pasa por alto el efecto indirecto de la amenaza percibida con relación a estas formas de violencia en el espacio público. Es decir, la amenaza (interiorizada) que representa esta violencia limita a las mujeres "en cuanto a opciones de vida y comportamiento". Por ejemplo, "muchas –o incluso la mayoría de mujeres no se atreven a andar por la calle solas después de cierta hora de la noche (aunque el peligro existe a cualquier hora del día) por miedo a sufrir algún tipo de violencia por parte de los hombres" (Stokes. 2001).

2.1 Violencia de Género

Por lo que respecta a la violencia de género, ésta puede tener lugar tanto dentro como fuera de relaciones familiares. Sin embargo la violencia contra la mujer como una forma específica de violencia, es la única que se puede ser considerada, como una violencia de género. En relación a lo anterior algunos autores otorgan mayor importancia a las características del contexto común (las relaciones familiares) en que tienen lugar estas experiencias violentas que a las posibles dimensiones de género de este tipo de violencia. (Gelles. 1997)

Otros autores optan por el estudio conjunto de las diferentes formas de violencia intrafamiliar desde una perspectiva de género, considerando que la estructura patriarcal de la familia, los roles e identidades de género están en la base, no tan sólo de la violencia hacia las mujeres sino también de otras formas de violencia que tienen lugar en el núcleo familiar.

En casi todas las sociedades, hasta épocas muy reciente, no ha existido un rechazo explícito hacia las diferentes manifestaciones de violencia contra la mujer. Incluso, se puede afirmar que no eran consideradas como actos condenables, salvo cuando se hacía público algún caso especialmente dramático. Formaban parte de la esfera íntima, de aquel espacio privado que debía quedar protegido del resto de la sociedad.[1] De esta forma, "se ha venido luchando (por ejemplo desde los movimientos feministas), no ya sólo por el reconocimiento de la existencia de unos actos denunciables y

[1] Y lamentablemente continúa siendo así.

rechazables que toman la forma de violencia en el seno de las relaciones familiares, sino por su consideración como problema social. (Cerulo. 1998).

En esta investigación, se emplea el nombre de violencia de género para calificar a la violencia ejercida contra una mujer por parte de su pareja, ex-pareja, padres, hermanos, familiares en general. Precisamente, la elección de esta forma de violencia como objeto de estudio obedece al propósito de aplicar un enfoque de género al estudio de la violencia; ya que "las agresiones que sufren las mujeres de sus esposos o compañeros, ofrecen la máxima evidencia posible, del papel tan determinante que tienen las desigualdades basadas en el género" (Martín Serrano. 1999)

Es aquí donde surgen los puntos de desacuerdo entre los diferentes trabajos teóricos y empíricos relativos a la necesidad de adoptar un concepto amplio o restringido de violencia contra la mujer. De esta forma, muchos investigadores centran su atención en la violencia física y/o sexual, mientras que otros incorporan al análisis una variedad mucho más amplia de comportamientos violentos. (Dekeseredy. 2000)

En este sentido, son frecuentes las clasificaciones de las diferentes formas de violencia a partir de la propia naturaleza del hecho violento, diferenciando, la mayoría de las ocasiones, entre violencia física, psicológica, sexual y económica. En primer lugar, por *violencia física* se entiende "el uso de la fuerza contra el cuerpo de otra persona" (Alberdi. 2002). Es decir, consistiría en "cualquier conducta que integre el uso intencional de la fuerza contra el cuerpo de otra persona de tal modo que encierre riesgo de lesión física, daño o dolor, sin importar el hecho de que en realidad esta conducta no haya conducido a esos resultados"[2](Villavicencio. 2001)

Respecto a la *violencia psicológica*, "se definiría como la hostilidad verbal o no verbal reiterada en forma de acoso, insulto, amenaza, menosprecio, ignorancia, sometimiento, dominación, privación económica, humillaciones, expulsión del hogar, infidelidades, coacción"(Centro Mujer 24 Horas. 1999)

También sería violencia psicológica impedir o imponer que la mujer acompañe a la pareja a actividades sociales, que estudie o trabaje, perseguirla u hostigarla por la calle o en su medio laboral, aislarla socialmente, impidiéndole tener contacto con familiares y amigos, romper cosas o tirar objetos, matar o herir a animales mascotas de la víctima, no proveer las necesidades de la familia, ocultar las ganancias, negar dinero, controlar excesivamente los gastos, retirar las tarjetas de crédito y las firmas del banco, vender pertenencias de la víctima, etc. (Serrat. 2002)

En este sentido, desde la Organización Mundial de la Salud, se afirma que "para algunas mujeres, los insultos incesantes y la tiranía que constituyen el maltrato emocional quizá sean más dolorosos que los ataques físicos, porque socavan eficazmente la seguridad y la confianza de la mujer en sí misma" (OMS. "Violencia contra la mujer" Recuperado en: http://www.who.int/violence_injury_prevention/vaw/violencia.htm)

La *violencia sexual,* por su parte, es aquella violencia que "se ejerce contra el cuerpo de la mujer y que supone a la vez una

---

[2] Este es el tipo de violencia mas estudiado, debido a que es más fácil detectarlo y cuantificarlo

agresión física y un ultraje psíquico que atentan fundamentalmente contra la libertad sexual de la persona" (Alberdi. 2002).

El estudio de la violencia sexual en el seno de relaciones sentimentales es especialmente complejo; por un lado, por el contexto de privacidad en que se produce; por otro, no es algo raro que en el seno de una relación conyugal o sentimental, las víctimas no consideren el sexo forzado como un crimen o ni siquiera un acto de violencia (Desai. 2001).

De esta forma, en muchas sociedades, la mujer no va a definir el coito forzado como violación si está casada o vive con el agresor; lo puede incluso interpretar como una obligación de su papel como esposa. Otra cuestión a tener en cuenta es que la violencia sexual, especialmente en el caso de una relación de pareja, no va, necesariamente, unida a la violencia física, puesto que la mujer se siente forzada a sostener la relación sexual.

Finalmente, algunos autores diferencian una categoría más: *la violencia económica.* Podemos incluir la violencia económica dentro de la categoría de violencia psicológica, pero, dada la frecuencia con que aparece, estaría justificado su tratamiento como una forma particular de violencia. Según Jorge Corsi, "las modalidades más habituales incluyen excluir a la mujer de la toma de decisiones financieras, controlar sus gastos, no darle suficiente dinero, ocultarle información acerca de sus ingresos" (Corsi. 1998)

Este intento por clasificar las diferentes formas de violencia hacia la mujer por parte de su pareja o ex-pareja obedece, básicamente, a requerimientos analíticos, puesto que, en la práctica, estas formas de violencia se encuentran, de manera habitual, entrelazadas. De hecho, puede resultar complicado clasificar en estas categorías el conjunto de experiencias violentas que puede padecer una mujer. Igualmente, muchas víctimas sufren varias de estas formas de violencia de manera conjunta. Así, por ejemplo, "la violencia física no aparece casi nunca sin manifestaciones de desprecio o maltrato psíquico" (Alberdi. 2002)

Algunas autoras destacan como el principal objetivo de estas formas de violencia: conseguir el control y la sumisión de la pareja. Es decir, la intención última no es provocar alguna lesión concreta, sino el sometimiento de la mujer. En este sentido, el objetivo perseguido sería el mismo que el de otras formas de violencia de género, en palabras de Nuria Varela, constituirse en "un ejercicio de poder" (Varela. 2002)

3.- PANORAMA HISTORICO, SOCIAL, CULTURAL Y LEGAL DE LAS MUJERES EN MÉXICO Y JALISCO

Históricamente ha existido y existe, o ha sido creada una relación entre el hombre y la mujer, siendo también histórica la subordinación de la mujer al hombre. Culturalmente también ha ambos sexos se les han asignados sus roles, los cuales han puesto al género femenino en la sumisión, la obediencia y el respeto hacia el opuesto.

El origen de la violencia contra la mujer, que como se verá más delante, está presente en diversos aspectos de la vida de éstas en la sociedad, encuentra sustento en la jerarquía de los sexos que ha sido establecido desde antaño. Este proceso inicia en la familia y se reproduce a mayor escala, en la sociedad y en sus formas de organización, ya que las creencias establecidas en el seno familiar, son a mediano y largo plazo lo que se reproducirá a nivel social.

Y debido a que la mujer ha sido estigmatizada histórica, social y culturalmente por la abnegación, sumisión y necesidad al hombre, es lo que ha llevado a una lucha por lograr un trato igual respecto de los derechos que le corresponden a ésta, sin tomar en cuenta el género, sino simplemente como ser humano, derechos que han sido creados con la finalidad de lograr un desarrollo humano adecuado y obtener una calidad de vida que permita sostener la dignidad humana, la igualdad y la libertad para ambos sexos.

Lo anterior no ha sido fácil en virtud del condicionamiento social a que está sujeta la mujer, que la coloca ideológicamente como un ser débil, necesitado de protección y manutención por parte del grupo dominante varonil, el cual tiene un papel predominantemente de proveedor, así como dentro del juego de las relaciones de poder que permean en la mayoría de los ámbitos del desarrollo humano. Por otro lado, tampoco lo ha sido debido a que no toda mujer está dispuesta a asumir las consecuencias de la igualdad: la independencia, la autosuficiencia, el librarse de un proteccionismo que le resultaba cómodo, pero que la condicionaba a la subordinación en detrimento de su calidad de vida. (Pérez, 2002)

Es así que las mujeres hoy en día, somos el resultado del modelo de educación que se ha implantado en el país y el estado, modelo que ha sido aprendido y reproducido de generación en generación, y actualmente, aun cuando se hacen políticas públicas a favor de la mujer, el modelo de educación establecido se sigue transmitiendo de padres a hijos o de madres a hijas, y con dicho modelo también se transmiten las conductas que dejan a la mujer en una situación de desigualdad. Y aun cuando por mucho tiempo se ha trabajado para acabar con esa desigualdad, debido a su multifactoriedad, no se ha podido desaparecer o por lo menos disminuir.

Por ello para lograr condiciones de igualdad entre ambos sexos, es urgente un cambio en los roles que cultural, social e históricamente le han sido impuestos a hombres y mujeres. Para lograr esto es necesario transformar la ideología, las tradiciones culturales, el simbolismo social que se le da a cada uno de los sexos, siendo el medio para hacerlo la educación formal e informal de hombres y mujeres, desde la infancia.

3.1 Violencia contra la Mujer a través de la Historia

Conocer el proceso histórico y cultural que a través del tiempo ha sido determinante para establecer las formas de ser y actuar de mujeres y hombres, nos da la posibilidad de visualizar, como a lo largo de los siglos se ha hecho una construcción de desigualdades y en muchos casos de abuso de poder y violencia, ya que siempre se ha considerado el poder como característica masculina y la sumisión como femenina.

A través de la historia y aun después del nacimiento del derecho, es posible observar como las mujeres y sus derechos han sido ignorados, así como la protección de los mismos. Ya que desde el momento en que el hombre se agrupa en sociedad y crean reglas, en ellas van dejando de lado los derechos femeninos, algunos tratadistas consideran que los factores que influyeron para que se marcaran éstas desigualdades son los siguientes:

A. La necesidad de brindar mayores cuidados a los miembros pequeños de la especie, pues de no hacerlo así su posibilidad de sobrevivencia era prácticamente nula.

B. La sexualidad de la mujer ligada a la reproducción.

C. Los tabúes para las relaciones incestuosas, es decir, la prohibición de relaciones sexuales entre personas de la misma sangre.

Debido a los factores anteriormente señalados es que surgen los grupos primitivos sin forma, a los que se les ha llamado horda, grupo en el que poco a poco se le fue relegando a la mujer ya que ésta no podía salir a cazar puesto que debía quedarse al cuidado de los niños y al no ser ésta quien acercara los medios para la supervivencia, se le fue desvalorizando, la horda fue evolucionando con estos prejuicios hacia el sexo femenino hasta que se transformó en una sociedad en la cual los varones intercambiaban mujeres como si fueran regalos entre ellos como pactos de no-agresión. Dejando de ser las mujeres consideradas como personas para catalogarlas como objetos de intercambio.

Federico Engels señala que en las tres principales formas de matrimonio que se vinculan a la evolución humana, se naturalizó la violencia contra la mujer dentro de la familia: "Al salvajismo, corresponde el matrimonio por grupos; a la barbarie, el matrimonio sindiásmico y a la civilización, la monogamia con sus complementos, el adulterio y la prostitución". (Engels, 1998)

Es así como en un primer momento, en los pueblos salvajes y aquellos en Estado inferior a la barbarie, primó la familia grupal, en la cual no podía saberse con certeza quién era el padre de una criatura, pero sí quién era la madre. Por tanto, la descendencia se establecía por línea materna o femenina. Este tipo de descendencia es la decisiva, por ser la maternidad la única cierta. Sin embargo, después se dejó de lado a la figura femenina y el poder sobre la familia entera recayó sobre el varón.

En Grecia la mujer tenía el estatus igual que un esclavo, ya que no contaba con derechos cívicos y mucho menos tenía participación política, por lo que ser mujer no era algo deseable, tal y como lo refiriera Platón la mujer es un objeto de razón, incluso el pensador en ningún momento defiende sus derechos o los iguala al del hombre para la época, señalando que sencillamente que por ser un objeto de razón, ésta debe preparase ya que el hombre (masculino) debería reproducirse con alguien similar a él para poder tener hijos perfectos. Lo que refleja la visión que se tenía en la época sobre la mujer, la cual era considerada únicamente como un ser para preservar la especie, y en ningún momento, un ser con Derechos Civiles y mucho menos con las mismas oportunidades de participación que el hombre, sino que era considerada propiedad del varón ya fuera su padre, pareja o incluso hasta su hijo. (Platón, 2000)

Encontrándonos ya ante la familia sindiásmica en la cual el hombre empieza a vivir con una mujer, no obstante subsistía la poligamia y la infidelidad exclusiva para el varón, castigándose cruelmente el adulterio de la mujer. A partir de esta etapa "el grupo había quedado reducido a su última unidad, a su molécula bioatómica: a un hombre y una mujer". (Platón, 2000)

El matrimonio sindiásmico introduce en la familia un elemento nuevo. Junto a la verdadera madre había puesto el verdadero padre. Quedando así abolida la filiación femenina y se sustituye por la filiación masculina.

También en Grecia, otro pensador, Aristóteles, considera que la virtud de la mujer era el silencio, lo que va de la mano con la sumisión, y es el hombre el que determina su valor; al no otorgarle voz a la mujer a esta se le negaba su oportunidad de crear su propio discurso y por tanto carecía de identidad propia, puesto que no se le permitía pensar y expresarse, por lo tanto si la mujer no tenía voz no podía considerársele como ciudadano. De igual manera para Aristóteles la mujer no era sujeto de Derecho alguno. (Diccionario de filosofía, 1981)

En el derecho romano las mujeres eran consideradas una posesión de los hombres, que eran quienes tenían el poder, poder que se extendía hasta el derecho de vida o muerte sobre sus hijos y sus mujeres. Esto porque el derecho romano reconocía como cabeza de familia al hombre (*paterfamilias*) y si bien la forma de ejercer su potestad ha cambiado de entonces a ahora, también lo es que cultural y socialmente se continúa sosteniendo la autoridad del padre sobre los integrantes de la familia, lo que ha propiciado la reproducción de estereotipos femeninos y masculinos, que no permiten el libre e igual desarrollo de los individuos, haciendo a las mujeres víctimas de la discriminación, del abuso y de un estatus de subordinación que las convierte en objeto de agresiones de toda índole, impidiéndoles el ejercicio y disfrute de sus derechos fundamentales y de su vida.

En la Edad Media surge el patriarcado. El patriarcado ha sido y es un orden en el que el hombre, lo masculino, se erige como una jerarquía superior, en la línea de un ser Superior, El Rey, el cual era del sexo masculino. Por lo que el patriarca, emblema de inequidad, se constituyó como un amo para el cual los subordinados que eran su mujer, hijas e hijos, otros parientes, sirvientes y animales debían producir bienes, objetos y personas a cambio de seguridad y protección frente a las amenazas externas.

La posición de la mujer en la sociedad continúa, aun con el surgimiento del derecho, por ejemplo en el Código Napoleónico se privó de cualquier derecho a las mujeres. En todo el mundo las mujeres no eran consideradas ciudadanas y por tanto no tenían ningún tipo de derechos.

Sau en 1990, desarrolla una teoría de cómo la agresividad se crea para mantener un sistema de desigualdad básicamente entre los sexos. Hay desigualdad de clases, de razas, de edades, de sexos, etcétera, por lo que la violencia que existe tiene un sentido último de subordinación dentro de la humanidad de un sexo sobre otro, creando géneros divididos y como opuestos excluyentes.

Es a través de la historia donde podemos observa el cómo la cultura patriarcal ha llegado a tal refinamiento que se crean estructuras artificiales y violentas, donde la única forma de mantenerla es concebirla como natural, así al considerar que los hombres son por naturaleza violentos, las guerras se convierten en inevitables, es más, se convierten en elementos necesarios y cotidianos de la vida del ser humano, se institucionaliza y se hace de forma ordenada, refinada, se crean ejércitos y estrategias, se dan además, meritos individuales a quienes participan en ellas, para que puedan competir entre sí.

Por tanto al considerar que la violencia ya es algo natural entre hombres, por obvias razones se naturaliza la violencia contra la mujer al considerarla inferior, dependiente y por tanto debe respeto y sumisión al varón, lo que se convierte en un grave problema que aparece en todas las razas, culturas, religiones, en diferentes niveles económicos e ideológicos, y que terminan afectando principalmente a las mujeres, situación que ha existido a lo largo de nuestra historia humana patriarcal, en donde hemos aprendido a invisibilizarla o verla como natural, tan natural, que no se conciben nuestras relaciones sin violencia y el que la mujer en pleno siglo XXI siga siendo objeto de violaciones física, sexuales, a sus libertades y derechos no sorprende ni preocupa.

Es así como la violencia que sufren las mujeres se da precisamente porque son mujeres, por esa razón han sido borradas de la historia oficial que las niega o invisibiliza, entonces su ausencia o la violencia contra ellas no se denuncia porque no se registra o conceptualiza como tal.

No se trata entonces de adicionar una lista de derechos de las mujeres a la ya existente en las Convenciones internacionales, la

Constitución Federal y Estatal, en Derechos Humanos, sino de re conceptualizar el significado de esos términos, y realizar todas las gestiones posibles para que éstos se cumplan, es crear un nuevo paradigma que incluya las diferencias, que no subordine a la mitad de la población y que tampoco la constituya en un "agregado".

3.2 Sociedad que Reproduce la Violencia contra la Mujer

Las mujeres son particularmente vulnerables al maltrato en las sociedades en las que existen importantes desigualdades entre hombres y mujeres, rigidez en los roles de género, normas culturales que respaldan el derecho de los hombres a mantener relaciones sexuales con independencia de los sentimientos de la mujer y sanciones blandas para estos comportamientos, entre otros factores. (Fernández, 1990)

La socialización respecto al género crea, entre otras cosas, las condiciones para que entre hombres y mujeres, se establezcan relaciones no de complementariedad, sino de subordinación de las segundas respecto de los primeros. Surge así una fuerte jerarquización, donde se divide para dominar: por géneros, por grupos étnicos, por culturas, por clases sociales, por tendencias sexuales. (Sáez, 1990)

Esta subordinación trae aparejados ciertos modelos de conductas grupales que podemos enumerar de la siguiente forma:

"... A. Se asignan etiquetas a los no pertenecientes al grupo, como "los otros", los inferiores.

B. Se asignan papeles deseables y esperados en los dominados e indeseables en los dominadores. Por ejemplo, se considera que el principal deber de la mujer es el cuidado de los hijos, de su marido y de su casa, aquella que no dedica la mayor parte de su tiempo a cumplir con esta norma no se le considera una "verdadera mujer", y si en este caso es el hombre el que se dedica a las labores domésticas, tampoco se le cataloga como "un verdadero hombre". De ambos se espera que cumplan con los papeles esperados.

C. Se atribuyen características "innatas" tanto a dominadores como a subordinados, que favorecen a aquellos. Se dice con frecuencia "los hombres tienen mayor capacidad para tomar decisiones, pueden controlar sus emociones, son más racionales. Las mujeres en cambio se dejan llevar por sus sentimientos, son irracionales, dulces, maternales, tienen necesidad de ser protegidas". Santo Tomás de Aquino escribía en el siglo XIII "...la mujer está sujeta a leyes de la naturaleza y es esclava por las leyes de las circunstancias. La mujer está sujeta al hombre por su debilidad física y mental". Se llega entonces a la conclusión que el hombre nace predominantemente para mandar y desarrollar un trabajo fuera de casa, mientras que la mujer lo hace para obedecer y trabajar en el hogar.

D. Evitación de planteamientos que hagan evidente la desigualdad. Se alude a la complementariedad de las funciones que justifican un orden "natural" para que la sociedad funcione. Se argumenta que no hay tal desigualdad, que se ha exagerado, que todos tienen los mismos derechos.

E. Creencia de que este estado de cosas traerá satisfacción y bienestar para todos. En la sociedad patriarcal se considera que “los grupos son más eficaces cuando siguen a un jefe. Alguien tiene que estar al mando”. Se concluye entonces que el hombre es quien debe estar al frente por el bien de todos.

De parte del grupo de subordinados se pueden extraer algunas características:

A. Dedican gran parte de su tiempo a adaptarse a las expectativas y satisfacción de los dominadores.
B. Tienen dificultad para conocerse a sí mismos como sujetos, y a reconocer sus propias necesidades. No es raro encontrar mujeres que ante las preguntas ¿Qué quieres? ¿Qué te gusta? ¿Qué necesitas? no encuentran respuestas en función de ellas mismas, sino sólo en función de los otros: “ser buena esposa y madre”, “ver felices a mis hijos”.
C. Carecen de documentación o crónicas de su propia historia. Los hombres dominan el espacio público, sus actividades son las más valoradas por la sociedad, a las mujeres se les asignan las tareas privadas y cotidianas, no remuneradas, con menor prestigio. Este hecho tiene como consecuencia que conozcamos muy poco de la vida de las mujeres a través de la historia, salvo raras excepciones. Se documentan y reseñan los hechos “importantes para la sociedad”, no los “humildes y sin trascendencia”. ..."(Sáez, 1990)

Es de ésta manera que en las sociedad organizadas genéricamente hay unas actividades para las mujeres y otras para los hombres. A esto todavía nuestros bisabuelos lo llamaban "división natural del trabajo". Hoy le llamamos, desde la teoría del género, "organización del trabajo por género y no la vemos como algo natural. (Sáez, 1990)

En los últimos años diferentes teorías han tratado de "explicar" las causas de la violencia: enfermedad mental del agresor, masoquismo de la víctima, uso de drogas o alcohol, provocación de la víctima, pertenencia a determinada clase social, entre otras. Estas explicaciones resultan reduccionistas y tienden a simplificar un fenómeno social cada vez mayor en casos y en complejidad, que lejos de ayudar a su comprensión refuerza mitos y estereotipos que dan por resultado seguir culpando a la víctima.

Ningún factor por sí solo explica por qué algunos individuos tienen comportamientos violentos y otros no, o por qué la violencia es más frecuente en unas comunidades que en otras. La violencia es el resultado de la interacción de factores culturales, ambientales, sociales e individuales. Para analizarlas con mayor detenimiento recurriremos al modelo ecológico de Bronfenbrenner, que divide los diferentes contextos en que se desarrolla una persona en tres:

A. Macrosistema

B. Ecosistema

C. Microsistema

Analizaremos este modelo en su aplicación a la violencia contra las mujeres, tal y como lo hiciera Corsi, de la siguiente manera:

A. Macrosistema

Es el conjunto de factores sociales que determinan la violencia (Corsi, 1994). Entre los más generales figuran:

a. Normas culturales que apoyan la violencia como una manera aceptable de resolver conflictos.
b. Normas que refuerzan el dominio masculino sobre las mujeres y los niños.
c. Normas que respaldan el uso de la fuerza excesiva sobre los ciudadanos.
d. Sistema de creencias patriarcales, en el que la jerarquía es rígida y las leyes y mandatos incuestionables.

B. Exosistema

Estos valores culturales son replicados por las instituciones educativas, religiosas, laborales, judiciales, etc. Y es aquí donde se da la legitimación institucional de la violencia, ya que las instituciones reproducen el funcionamiento vertical del poder, así como el autoritarismo. Se utilizan métodos violentos para resolver conflictos en la escuela, en el trabajo, etc. con la característica común de que siempre el que tiene mayor poder (maestro, jefe), somete al que tiene menos (alumno, empleado). Lo cual se transforma en un espacio simbólico institucional propicio para el aprendizaje y/o legitimación de las conductas violentas a nivel individual. (Corsi, 1994)

C. Microsistema

El microsistema implica tanto los factores individuales y de relación que influyen en el comportamiento, como por ejemplo: la impulsividad, la baja tolerancia a la frustración, el abuso de sustancias, haber sido víctima directa o testigo de violencia en la infancia, modelos familiares y comunitarios de resolución violenta de conflictos, entre otros. Por lo general los hombres se identifican con el agresor, incorporando activamente en su conducta lo que alguna vez sufrieron en forma pasiva. En cambio las mujeres, llevan a cabo un aprendizaje de indefensión que las ubica, con mayor frecuencia, en el lugar de la víctima. (Corsi, 1994)

El siguiente esquema corresponde al modelo ecológico aplicado a la violencia que realizara el citado doctrinista

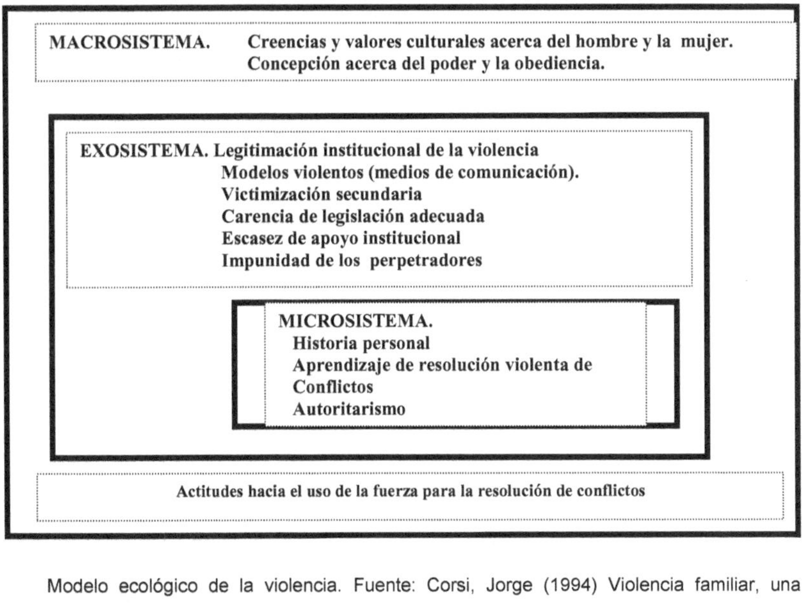

Modelo ecológico de la violencia. Fuente: Corsi, Jorge (1994) Violencia familiar, una mirada abarcativa sobre un grave problema social. Buenos Aires. Paidós. p. 53.

Una vez señalado lo anterior, se puede inferir que una sociedad en que prevalezca la igualdad de oportunidades para hombres y mujeres, y en donde se erradique la violencia contra la mujer por aspectos de género, sólo será posible si desde pequeños, se practican nuevos esquemas sociales basados en el respeto, que se forme una conciencia colectiva clara de la equidad, desde la infancia.

3.3 Cultura que relega el Género Femenino

Para analizar la cultura que prevalece en el estado y en el país, que explique el porqué de los roles que se le adjudican a los sexos, y la violencia que de éstos se deriva, se inicia con los primeros pobladores del territorio, los aztecas, quienes tenían muy reforzados los roles masculino y femenino que se debían cumplir.

Por lo que respecta a el rol masculino, se debe conocer que los guerreros aztecas tan violentos y de gran capacidad destructiva, eran criados al contrario, por madres muy cariñosas y ligadas a ellos, ya que el niño azteca, era criado con un exceso de afecto, una lactancia hasta los cuatro años, lo que fomentaba una dependencia a la madre reforzada por la ausencia y temor hacia el padre.

Empero alrededor de los cinco años ese niño que había sido criado amorosamente por su madre, ingresaba al *Calmecac* o *Telpochcalli*, donde su educación estaba únicamente en manos de hombres: sacerdotes y *tlamatinime*, lugar donde los criaban con mucho castigo y disciplina, aprendiendo así su rol masculino, lo que su cultura exige de él, un guerrero, que debe dominar a los demás, por lo tanto debe ser fuerte, lucir invencible y temerario, ser un ente superior.

Es así como se da un cambio drástico en los pequeños varones aztecas, los cuales al ingresar al Calmecac se ven forzados a dejar atrás la figura materna que siempre los cuido, por lo que ésta educación rígida no permite una sana separación de la madre, o de la figura femenina, y si no se entierra, lo que se hace con esos recuerdos que para un guerrero son vergonzosos, es convertirlos en su opuesto, *eso que tanto añoro me convierte en un niño, por lo tanto lo repudio, y de paso aquello que lo represente*, por lo que el guerrero educado en el *Calmecac* encierra dentro de sí un niño indefenso, que ya no puede aflorar. Lo que sí germinará es el resentimiento, y se hará latente el odio hacia aquello que le recuerde su estado infantil. La dependencia no es permitida, y lo que la representa es rechazado. No es de sorprender pues, que el peor insulto que podía hacérsele a un azteca, era llamarlo *cuilón*, (Aramoni, 1961) es decir, afeminado. La sociedad no tolera de un ser omnipotente, muestras de flaqueza o añoranza de cuidado, debe mostrar su fortaleza en todo momento, por tal motivo al hombre se le enseña "los hombres no lloran" y si lo hacen se le "ofende" diciéndole "pareces vieja" desvalorando así las características femeninas, creando en el varón la idea de que lo peor que puede hacer es tener conductas supuestamente feminizadas.

Por lo que respecta al rol femenino, la mujer en la sociedad azteca —tanto la noble *cihuapipiltin*, como la perteneciente al grupo más numeroso y subordinado *macehualtin*— juega un papel secundario y marginal.(Rodríguez, 1992)

En esta estructura patriarcal, aprende que su más importante función en la vida es la maternidad y se le inculca que fue creada por los dioses para dar a luz guerreros. (Rodríguez, 1992)

Es así que los ideales femeninos de España del siglo XVI se articulan fácilmente a los mexicas. La mujer era educada para el matrimonio, no dejaba de recomendársele el "genio dulce y sosegado", la limpieza y el aseo personal, la discreción, la humildad y —si podían tener acceso a ello— algún conocimiento de canto y tañer instrumentos musicales. Así como los ideales de honestidad, piedad, laboriosidad, modestia y obediencia. En suma todo lo que se consideraba podía atraer al futuro esposo. (Gonzalbo, 2005). Es así como se funden ambas culturas, la de origen, la azteca y la de los conquistadores, reforzándose en ambas el desvalor femenino. Lo cual continúa en la actualidad con refranes como "los hombres en la cocina huelen a gallina" fomentando así la ideología de que la cocina es un lugar "sagrado" y únicamente reservado para las mujeres. Otorgándole así la obligación de ser ella quien cocine y atienda las labores del hogar.

Las mujeres se desenvolvían en un medio patriarcal que gracias a una división de roles tan marcada, se le consideraba inferior al hombre y por tanto sumisa a éste.

Con lo anterior se ejemplifica un fenómeno que se presenta en nuestro territorio desde hace más de cinco siglos.

Lo cual no ha cambiado, y es en su descripción donde pueden encontrarse respuestas que deriven en programas mejor encaminados para hacer factible la igualdad. No ha cambiado el hecho de que millones de mexicanos, rara vez ven a su padre y lo perciben como una figura de autoridad, pues es él quien gobierna en el domicilio y quien castiga, continúa esa figura dominante también con las madres que se apoyan en sus hijos para sobrellevar la ausencia de su cónyuge o bien sus golpes y humillaciones. Prevalece que el adolescente varón observe que en el medio que se desenvuelve se exaltan valores masculinos y se les exige despreciar todo aquello que es relacionado con lo femenino, al estar en un mundo social más amplio para poder ser aceptado necesita despreciar a la mujer; es así como crecimos con juegos en donde "el último es vieja" considerando así que ser mujer es lo peor, lo que se convierte en un grave problema de difícil solución si consideramos que es en esta edad que comienza a desarrollarse la identidad, misma que los definirá como individuos en lo posterior.

De ésta manera los hombres, aun cuando ya han salido al mundo exterior, igual que los aztecas, no dejan de extrañar al seno materno, lo cual no pueden exteriorizar y es ésta añoranza la que genera madres intocables, idealizadas, la *madre santa*; pero como sabemos: "En el dependiente centrado en la figura irremplazable, no tardará en crecer el odio. Antes que nada, por la propia supeditación a un poder que es externo, que está más allá de sus fuerzas y su propio control. Toda subordinación y necesidad de un poder ajeno a uno mismo genera recelo, desconfianza, así como ira, rencor, resentimiento." (Rodríguez, 1992).

Tal visualización de lo femenino genera una polarización extrema, donde las mujeres se agrupan en dos categorías. Tanto en el mito como en la realidad concreta, "las mujeres son apreciadas desde las cualidades míticas de las dos Marías, Guadalupe y Malinche: la protectora y la violada. "Cada mujer sintetiza ambos aspectos desglosados en los estereotipos, y los hombres se relacionan con las mujeres del mundo inmediato o con las desconocidas, pero todas propias, para acogerse a ellas, o para violentarlas en los más diversos grados y con las más variadas formas".(Lagarde, 1997).

De esta manera surge esta cultura mexicana, y qué decir de la prevaleciente en el estado, considerado un lugar de "machos", mezclando así los roles que existían desde los aztecas con los importados por los españoles, es así que como nación se ha acudido a ideales femeninos que calman las angustias. Pero al mismo tiempo, se necesita otra figura para que sobre ésta recaiga el odio y rencor. La influencia de estas ideologías, sin duda deja de manifiesto la particular visión que tiene el mexicano de la mujer, y por tanto de la violencia que se perpetra en su contra.

Debido a lo anterior durante siglos el destino de las mujeres estuvo determinado por la diferencia sexual, era la naturaleza, lo biológico lo que definía su existencia y lo que debía hacer durante su vida. Y culturalmente se fueron asignando patrones de conducta a cada género, al sexo masculino se le reservó la producción, la fuerza, la violencia, la inteligencia, la razón, el trabajo remunerado y la vida pública, lo que lo hace trascendente; mientras que al sexo femenino se le asignó la reproducción, el hogar, los cuidados de otras personas padres, madres, esposo e hijos, hijas y la vida privada, lo que lo convirtió en intrascendente por valorarlo como natural, instintivo y sin remuneración alguna.

Por lo que la transmisión ideológica es un factor fundamental para mantener la dominación y, en el caso de las mujeres, ésta se resume en una visión del mundo que no las acepta como iguales en las distintas instancias sociales.

La infancia, es un período donde el ser humano aprende conceptos, estructuras y actitudes. Es además, el periodo de la vida, donde éste por inexperiencia, inmadurez y dependencia encuentra serias dificultades para cuestionar las reglas establecidas, mismas que tiende a aceptar como única verdad si provienen de una autoridad, autoridad que el menor de edad considera son sus padres o maestros, por lo que éstas enseñanzas son la base sobre la que se desarrollaran durante toda la vida, por lo que la niñez, es por lo tanto, la base de la vida en la que se implantan innumerables creencias erróneas.

Al llegar a la edad adulta, los individuos tienden a afirmar que su visión particular del mundo es la correcta y, más aún, que es producto de su propia reflexión y experiencias.

De ésta manera se consideran como individuales, creencias sociales externas y muy especialmente en el caso de mujeres, quienes incluso se convierten en transmisoras de una ideología perjudicial, tanto para ellas como para sus hijas e hijos. Desde el inicio de la gestación, se valora en forma diferenciada según el sexo de cada ser humano. Posteriormente la familia, apoyada por las enseñanzas impartidas en la escuela, la sociedad en general y por los medios de comunicación masiva, refuerza y castiga las conductas aceptadas o desaprobadas según el sexo. Los padres y las madres, a través de la ropa, los juegos, cuentos, frases y caricias se convierten en modeladores, recreadores de la cultura existente, creando así los roles sexuales.

Los roles sexuales son características que cada cultura atribuye a los individuos de acuerdo con su sexo. (Scott y Garret, 1985). Los estereotipos sobre roles sexuales se refieren a creencias rígidas aplicadas para la generalidad de hombres y mujeres, asumiendo que los mismos son universales y naturales.

Y es así como a cada sexo se le atribuyeron diferencias a parte de fisiológicas, culturales, por lo que tuvieron que asumir como propias las conductas atribuidas socialmente a cada uno de ellos. (González, 2000)

Por tal motivo, desde siglos atrás, en la sociedad se educa con ciertos valores y costumbres que señalan cuáles son los roles que deben desempeñar el hombre y la mujer en la infancia, la juventud y ya en edad adulta; las obligaciones del matrimonio; las consecuencias de un divorcio; la privacidad del hogar; cómo debemos comportarnos y ser niños obedientes y educados; cuáles son las responsabilidades, obligaciones y jerarquía de cada uno de los sexos en la familia: lo que hace más difícil la convivencia de las mujeres maltratadas.

Algunos de los factores que sustentan la violencia contra la mujer son: los valores del rol femenino tradicional; la privacidad del hogar; la constitución de la familia nuclear (padre, madre e hijos) como la familia perfecta; acusar a la víctima haciéndola responsable en parte o en todo de lo que le sucede, justificando así a la figura masculina; la actitud de las autoridades frente a la denuncia de la mujer agredida; la falta de lugares para albergar a las mujeres víctimas de violencia cuando requieren salir del domicilio conyugal; la falta de verdaderos programas que prevengan el que la mujer sea violentada, prevención que tendría que darse desde el cambio de cultura, para dejar atrás las marcadas desigualdades culturales que se acarrean desde siglos atrás. (Vila de Gerlic, 2000)

Después de lo anteriormente señalado en cuanto a cómo nuestra cultura ya tiene arraigada la violencia contra la mujer, es que se puede establecer que uno de los puntos torales para tratar de disminuir dicha conducta, debe de existir un cambio de cultura, tal y como lo señalaran las académicas de la Universidad de Guadalajara, Silvia Patricia González, Martha

Villaseñor Farías y María Guadalupe Ramos Ponce, en el foro *Feminicidio en Jalisco,* convocado por la Comisión de Equidad y Género del Congreso del Estado, en el que refirieron que es necesario un cambio cultural para erradicar las conductas de violencia y dicho cambio debe darse a partir de la educación de los niños desde el núcleo familiar hasta la escuela.(Ferrer, 2008)

3.4 Factores Económicos que Violentan a la Mujer

La dimensión económica del fenómeno de la violencia contra las mujeres debe analizarse desde dos aspectos; primero como ha influido la inmersión de la mujer en el proceso económico y el costo que se genera con la violencia que se ejerce sobre el sexo femenino.

Lo anterior tomando en consideración que un factor de conflictos familiares tiene que ver con la economía, la cual a partir de la disminución del poder adquisitivo, las crisis económicas y devaluaciones ha originado la disminución de empleos.

En el mercado laboral se presentan desigualdades tanto para el género femenino como para el género masculino, sin embargo siguen siendo las mujeres las más vulnerables ante éstas. Estas diferencias que se presentan han sido causa de la división sexual de trabajo que se ha dado por años, involucrándose diversos factores como la educación, jerarquización de actividades laborales, los estereotipos, así como la división de profesiones, pues algunas se encuentran "masculinizadas". A pesar del desarrollo económico que se ha dado, el cual ha sido producto del sistema capitalista, la participación de las mujeres se ha visto limitada dentro de este campo, debido a que se han enfrentado a diversos obstáculos que han originado que su ascenso sea de forma gradual.

Sin embargo la participación de las mujeres ha contribuido al desarrollo del país, aun con condiciones muy diferentes, las cuales han sido muy marcadas; situación que ha sido acentuada por la misma sociedad. Estas diferencias han influido para el ejercicio pleno de su desarrollo laboral, originando para algunas mayores obstáculos y menores oportunidades para poder lograr un mayor avance.

Esta problemática nacional ha dado lugar a que una buena parte de la población femenina que trabajaba en sus hogares haya tenido que acceder a la fuerza laboral fuera de casa; en México las mujeres madres trabajadoras suman 8.5 millones, cifra que representa poco más de la quinta parte de la población económicamente activa y 63% de la población económicamente activa femenina en el año 2000. Sin embargo, casi seis de cada 100 mujeres-madres que trabajan, sobre todo en negocios familiares, no reciben ningún ingreso, destinando el total de sus esfuerzos al bienestar de toda la familia. (INEGI, 2000)

Además del número de hijos, el estado civil de las mujeres cuenta mucho en su participación laboral. Alrededor de una quinta parte de las madres que trabajan son divorciadas, separadas o viudas; y cuando a estas condiciones civiles se suma un número elevado de hijos, la participación laboral de las mujeres se incrementa. De modo tal que una de cada tres madres que tienen más de seis hijos y está divorciada, separada o viuda, trabaja. (INEGI, 2000)

De ésta manera la sociedad mexicana ha visto cambios en su estructura, originada entre otras cosas, por la incorporación de las mujeres en la economía formal o informal, al que dedican gran parte de su tiempo, mismo que tradicionalmente se ha empleado en la atención de los hijos e hijas, el cuidado de los ancianos, enfermos o personas con discapacidad, y el desempeño del trabajo doméstico de mantenimiento y cuidado del hogar, la preparación de alimentos y en general la administración de la economía familiar. Esta condición agudiza e incrementa el trabajo y las culpas de las mujeres, quienes no delegan sus actividades del hogar, pues hacerlo implica un costo económico que no pueden solventar. Así las mujeres se encuentran atrapadas y deben cumplir con una doble jornada, la del trabajo fuera del hogar y la del trabajo en el hogar, en el desempeño profesional y en el cuidado de sus hijos.

Los estudios de género han dejado en claro que la división del trabajo por razones de género asigna la tarea de crianza y cuidado de los hijos e hijas a las mujeres. Las madres no nacen sabiendo cuidar y educar a sus hijos e hijas, sino que ésta es una responsabilidad que les ha sido asignada históricamente. (Valenzuela y Gómez Gallardo. 2002). En México, la condición de las mujeres incluye la educación de los hijos e hijas, así como las labores de limpieza y preparación de alimentos en el hogar, el cuidado y atención de las personas enfermas, con discapacidad y personas de tercera edad, labores no remuneradas que se realizan en el hogar.

Aunque las mujeres mexicanas han ido conquistando cada vez más los espacios públicos, participando en actividades económicas remuneradas formales e informales e incrementando su participación en la comunidad, todas estas actividades han estado encaminadas no sólo a su bienestar sino al de su familia. Además esta participación está ligada principalmente a la crisis y deterioro de los salarios y a la desintegración de los matrimonios. Esto ocasiona que las mujeres participen en la actividad formal e informal de la economía fuera de sus hogares más por motivos económicos (situación de crisis económica o familiar) que por motivos ideológicos (creencia en importancia de obtener autonomía personal respecto a sus parejas a través de la independencia económica).

La participación que han tenido las mujeres dentro del mercado laboral ha sido por medio del sector formal e informal, en donde se han enfrentado a diferentes condiciones así como a actos discriminatorios

Algunas diferencias que se presentan en estos dos sectores es sobre las condiciones laborales: en el sector informal los y las trabajadores no cuentan con salarios fijos, ni con prestaciones o servicios como el Seguro Social. Ante estas acciones las mujeres que forman parte de este sector se encuentran expuestas a diversos problemas como el no tener asegurado un trabajo, y tampoco contar con un sueldo fijo. Asimismo, las actividades que son consideradas son aquellas realizadas por cuenta propia como se encuentran las vendedoras, comerciantes y el trabajo doméstico; éste último a diferencia de las demás a pesar de su gran contribución no cuenta con alguna remuneración.

Esta nueva condición laboral, no exime a las mujeres de la tarea asignada socialmente de la atención y crianza de sus hijos e hijas; lo que ha creado la necesidad de estas madres trabajadoras de buscar quién atienda sus tareas en el hogar mientras están laborando, principalmente en la atención de sus hijos e hijas.

En ese sentido, podemos observar que las madres que trabajan dedican a las labores domésticas un promedio de 49 horas a la semana, mientras que los hombres registran 13 horas. (INEGI, 2003). Además de ello, las mujeres ocupan un promedio de 35.45 horas semanales en su trabajo extra doméstico, lo cual evidencia la doble jornada que desempeñan en beneficio de sus hogares. (INEGI, *2002*)

Empero el trabajo doméstico no ha tenido la importancia dentro del mercado aboral a pesar de su gran contribución al desarrollo de la sociedad por medio de la producción de bienes y servicios. Éste ha sido visto como una "obligación" enfocada hacia las mujeres; situación que es derivada de los estereotipos que se han creado por la misma sociedad. Si se diera un valor monetario a las actividades domésticas realizadas sería mucho más del salario mínimo que tendrían que ganar las mujeres, es por eso que este trabajo se considera dentro del sector informal por lo que ha sido desvalorizado. La única forma en la que es remunerado es cuando es realizado como un trabajo extra doméstico, como empleadas domésticas y no cuando lo realizan las amas de casa.

La Encuesta Nacional de Empleo 2000 muestra que el nivel de población económicamente activa (PEA) femenina es la mitad (36.4%) que el de la masculina (76.8%). De la PEA, el 90.1% mujeres realiza quehaceres del hogar, adicionalmente a sus actividades del trabajo extra doméstico, contra un 47.2% de los hombres. En el grupo de los trabajadores sin pago, ellas son casi el doble que los hombres. Entre la población que recibe más de cinco salarios mínimos, las mujeres son menos que los hombres. Las mujeres reciben en promedio salarios inferiores en la mayor parte de las ocupaciones, sobre todo entre los profesionistas, supervisores y capataces industriales, y funcionarios públicos y gerentes del sector privado.

En términos generales, las madres disponen de 16.7 horas de esparcimiento semanal (equivalente a 2.4 horas diarias). Las madres que trabajan fuera del hogar sólo tienen 13.4 horas de esparcimiento semanal, es decir, 1.9 horas diarias para el descanso y la recreación. (INEGI, *2002*)

Además del empleo, la responsabilidad de criar a los hijos y atender el hogar, hoy en día las mujeres están preparándose más donde su nivel de estudios está aumentando, lo que ha contribuido a que tengan la oportunidad de poder conseguir mejores trabajos. No obstante, siguen enfrentándose a otros actos de discriminación como es la diferencia en la remuneración de su trabajo. La desigualdad de salarios entre ambos géneros está muy presente, aún cuando las mujeres tienen el mismo o mayor grado escolar que los hombres, que cuentan con las mismas capacidades y hasta con la misma experiencia laboral, o que se encuentran en el mismo puesto de trabajo. María L. González Marín hace una clasificación muy interesante sobre estas disparidades de tipo laboral existentes entre ambos géneros; segregación vertical y segregación horizontal quienes las define como:

La segregación vertical corresponde a la discriminación de las profesiones o actividades en la medida que se feminizan, ya que por el simple hecho de tener mayoría de mujeres son subvaloradas socialmente por lo que se ofrecen menos salarios. La segregación horizontal corresponde a la diferencia de salarios entre hombres y mujeres cuando ambos realizan el mismo trabajo. Así también en las ocupaciones donde predominan las mujeres, su ingreso medio respecto de los hombres es menor, por lo que hay una doble discriminación, por ocupación y por ingresos. (Galeana, 2004)

En el país las mujeres ganan menos que los hombres, y esto ha sido debido a la influencia de diversos factores. En primera instancia se encuentra la preparación educativa, como se mencionó anteriormente; mientras estén mejor preparadas podrán ser mejor remuneradas, pero en algunos casos. Cabe aclarar que hay mujeres que ganan más que los hombres pero es un mínimo porcentaje, y también esto va a influir dependiendo del sector y de las actividades que realicen. Otro de los factores es por la jornada laboral; las mujeres tienen que buscar empleos de medio tiempo para poder cumplir con su doble rol de trabajo, ya que éste es un impedimento para que puedan trabajar de tiempo completo. Algunos datos sobre el nivel de ingresos realizada por la Encuesta Nacional de Empleo del 2003 muestran lo siguiente:

> "... El porcentaje de hombres que gana menos de una salario mínimo mensual, equivalente a $1,246.00, es de 13.2%; en cambio, el porcentaje de mujeres que percibe tal ingreso es de 19.5%. El porcentaje de hombres y mujeres que ganan de uno a dos salarios mínimos mensualmente, representa 22.9% y 27.9%, en cada caso. De dos a tres salarios mínimos se encuentran 22.8% de los hombres y 16.6% de las mujeres ocupadas; para más de tres y hasta cinco salarios mínimos el 18.8% y 13.6% lo reciben hombres y mujeres, respectivamente; y con ingresos superiores a cinco salarios mínimos están 12.1% de los hombres y 7.4% de las mujeres. Las mujeres ocupadas que no reciben ingresos por sus trabajos son 12 de

cada 100 y 7 de cada 100 hombres se encuentran en la misma situación (INEGI, 2004)

Es así que la inclusión de las mujeres en los medios de producción a traído aparejado conflictos y disolución de vínculos conyugales y familiares, ya que los hombres históricamente fueron los indiscutidos Jefes del Hogar, con su autoestima muy ligada al papel de proveedor y al invadir la mujer un espacio que ellos creen les pertenecía, pues así les había sido asignado social y culturalmente, se sienten afectados en su autoestima, lo que se considera en muchas ocasiones desata la violencia contra la mujer, pues al ya no ser el hombre el único proveedor necesita sentir que sigue dominando y la única manera de lograrlo es violentando a la mujer.

Más aún, hay una hipótesis del Instituto Nacional de las Mujeres emanada de la Encuesta Nacional sobre Violencia contra las Mujeres que considera al adelanto de las mujeres como causa de violencia. Mayor educación, ingresos propios o mayores ingresos, trabajo formal o informal propio, actividades individuales o contar con apoyos sociales o gubernamentales, conducen a las mujeres a vivir violencia porque los hombres se sienten humillados ante el desempleo, la marginación y la falta de oportunidades y de políticas públicas a su favor.

Ahora bien, con respecto al costo que tiene para el país la atención a mujeres violentadas, tal y como lo señalaran las académicas de la Universidad de Guadalajara, Silvia Patricia González, Martha Villaseñor Farías y María Guadalupe Ramos Ponce, en el foro *Feminicidio en Jalisco,* convocado por la Comisión de Equidad y Género del Congreso del Estado, éste asciende a nivel nacional, a 120 000 millones de pesos, es decir, el 5% del Producto Interno Bruto. (Ramírez, 2008)

COSTOS SOCIALES Y ECONÓMICOS DE LA VIOLENCIA CONTRA LA MUJER

Costos directos: Valor de bienes y servicios empleados en atender o prevenir la violencia	• Atención de salud • Policía • Justicia penal • Albergues • Servicios sociales
Pérdida de vidas y carga social por enfermedades	• Mayor mortalidad • Mayor morbilidad
Costos indirectos: Efectos económicos en el mercado de trabajo y la productividad	• Menor participación laboral • Baja productividad • Disminución del ingreso • Ausentismo laboral
Costos intangibles: Consecuencias en las relaciones familiares y el bienestar social	• Dolor y sufrimiento • Miedo y ansiedad • Transmisión del patrón de violencia a otras generaciones • Deterioro en la calidad de vida • Pérdida de autoestima

Tomado de: Stevens, Lynne. Un enfoque práctico de la violencia de género: guía programática para proveedores y encargados de servicios de salud. Nueva York, FNUAP, 2001. (Ed. Piloto)

Cualquier intento de erradicar la violencia sin tomar en cuenta la desigualdad social, cultural, económica de hombres y mujeres falla en su propósito, porque no ataca directamente el origen. Lo que debe prevalecer es el derecho de las mujeres a una vida libre de violencia. No se trata de combatir la violencia porque implica altos costos en los sistemas de salud o de impartición de justicia, o porque impide a las mujeres desarrollar su potencial productivo,[3] sino de garantizar su bienestar porque ése es su derecho. En la medida en que las mujeres lo asuman como tal y encuentren canales adecuados para ejercerlo, estarán avanzando en su afirmación como sujetos y en la transformación de las relaciones de poder.

3.5 Política sin Mujeres

Como se ha analizado en las dimensiones histórica, social y cultural, el problema de fondo radica en que la situación de la discriminación de las mujeres, al margen de condicionamientos políticos, está fundamentada en concepciones, roles, normas sociales, estereotipos, etcétera, que se encuentra muy arraigados en las culturas imperantes. Los factores educativos, culturales, geográficos han configurado una estructura de valores y roles profundamente enraizados en la familia y en la sociedad, la profundidad con que permanecen y se reproducen las concepciones tradicionales sobre la familia y la subdivisión de funciones es uno de los rasgos que impregnan y condicionan las diversas manifestaciones de la vida social y política en las que participan las mujeres. (Carbonell, 2010)

Y aun cuando la participación política de las mujeres se ha incrementado en los últimos años, "aunque el promedio regional todavía está por debajo del 30% en casi la totalidad de los países. Las excepciones son Cuba (36%), Costa Rica (35%) y Argentina (31%), en tanto que el promedio para 33 países de la proporción de

[3] Tal y como ha sostenido el Banco Interamericano de Desarrollo

mujeres entre los miembros del poder legislativo muestra un valor cercano al 15%. (CEPAL Anuario Estadístico de la Comisión Económica para América Latina del año 2004)

En el siglo en el que nos encontramos aun no existe ningún país en el mundo donde existan iguales condiciones de acceso e influencia política entre hombre y mujeres, de hecho la mayor parte de las decisiones, tanto a escala global como en el ámbito nacional y local, son adoptadas por hombres.

En el mundo las mujeres, tan solo representan menos del 10% de los líderes políticos oficiales, solo ocupan 10% de los escaños parlamentarios y en más de 80 países las mujeres no ocupan ningún cargo ministerial. (Datos tomados de World wide Facst and Stat is tics about the Status of Women en UNIFEM)

En México, pese a que en el artículo 4 de la Constitución Política de los Estados Unidos Mexicanos se establecen condiciones de igualdad de oportunidades para hombres y mujeres en todos los niveles de participación política, la realidad refleja una clara desventaja en las oportunidad para las mujeres, tanto en la Cámara de Diputados, en la Suprema Corte de Justicia, en la Administración pública federal, en las Presidencias Municipales, etcétera.

Por lo tanto la participación de la mujer en la toma de decisiones económicas y políticas sigue siendo muy reducida. Las mujeres ocupan sólo el 10% de las plazas parlamentarias y son menos del 5% de los Jefes de Estado. (Los derechos de la mujer, responsabilidad de todos. Carpeta informativa básica num.2. Oficina del alto comisionado para los derechos humanos. 1997) Y la prueba más clara de la baja posición asignada a la mujer es la discriminación que se le hace en el ámbito político, no permitiéndole tener injerencia en los asuntos que atañen a sus conciudadanas, su municipio, su estado, su país.

El porqué de una escasa participación de las mujeres en las esferas formales de la política se puede sostener por el hecho de que los diferentes contextos sociales e institucionales tienden a moldear de diferente forma las actitudes, capacidades y motivaciones de los hombres y las mujeres, esto incide en la naturaleza y en la intensidad de la presencia política femenina. (Carbonell, 2010)

Respecto a desigualdad y discriminación política, los indicadores han comenzado por dirigir la mirada hacia lo más fácilmente cuantificable, como son los porcentajes de mujeres en puestos de elección, tanto a nivel nacional como local. En ocasiones se extienden hasta los puestos de decisión no electos popularmente, como las autoridades máximas de Ministerios, Poder Judicial y otras instituciones estatales. Intentos más ambiciosos, como contabilizar las brechas de género en la presencia en organismos de la sociedad civil (sindicatos, cooperativas, organizaciones de desarrollo, etc.) suelen ser puntuales, pero cuando incluyen estudios cualitativos sobre las experiencias de las mujeres ilustran aspectos de gran interés, como las motivaciones de las mujeres para participar, las formas en que se manifiesta la discriminación de género y las vías por las que se instala y legitima, o las dificultades de las mujeres para llegar y mantenerse en un puesto de dirección en estos espacios.

Es preocupante que la mujer sea utilizada sólo para cubrir el porcentaje de mujeres que establece la ley, pues tal y como se ha visto con las regidoras de los cuatro municipios de la zona metropolitana de nuestro estado, ellas han dejado sus espacios para que los cubran, sus suplentes, siendo éstos del sexo masculino, lo cual deja de manifiesto que el género femenino está siendo utilizado.

3.6 La Mujer al Margen de la Ley

Tal y como se señaló en el foro *Feminicidio en Jalisco,* convocado por la Comisión de Equidad y Género del Congreso del Estado de Jalisco. Si bien es cierto se creó la Ley de Acceso a las Mujeres a una Vida libre de Violencia del Estado de Jalisco, la misma no cuenta con un programa de acciones por parte del gobierno, normas jurídicas y políticas públicas de protección y acciones a corto y largo plazo, por lo que seguirá siendo "un delito invisible hasta que las autoridades no se comprometan totalmente. (Ferrer, 2008)

El 1 de noviembre del 2008, el Gobierno del Estado publicó el reglamento de la Ley de Acceso de las Mujeres a una Vida Libre de Violencia, sin embargo dicho reglamento sirve principalmente para explicar las funciones del Consejo Estatal para Prevenir, Atender y Erradicar la Violencia contra las mujeres, sus ejes de trabajo y su forma de operar, pues no se establecen procedimientos ni lineamientos precisos sobre la actuación oficial.

En los 68 artículos del reglamento existen generalidades y faltan acciones con plazos específicos que comprometan al Consejo y a las autoridades involucradas. En el mismo se señala que algunas de las acciones permanentes para erradicar la violencia consisten en "el desaliento de prácticas violentas contra las mujeres, promoviendo la cultura del buen trato y de igualdad de género."

Respecto a la prevención, el reglamento busca disminuir el número de víctimas "mediante acciones disuasivas que desaliente la violencia contra las mujeres" pero no se señala cuales son. (Estrada, 2008)

Aparte de la violencia que sufren las mujeres también son víctimas de la "violencia institucional" que se da cuando las autoridades no realizan con eficiencia sus funciones, no hay responsabilidad institucional para atender a las mujeres que denuncian, cuando no se da seguimiento al proceso de atención psicológica, de apoyo y sustento económico. A pesar de que se cuenta con mayor número de instituciones de apoyo y de una ley que tipifica como delito la violencia contra la mujer, ésta se sigue dando al interior del hogar, en las calles y aunque la mujer hoy se atreve a denunciar, existe un gran número que no lo hace por miedo, vergüenza, dependencia emocional o económica con su agresor. Los reportes de violencia en el Centro de Atención familiar del Sistema DIF Jalisco registran que han disminuido del año 2007 a la fecha, sin embargo el número de mujeres asesinadas aumenta. (Bareño, 2008)

Tal y como lo refiriera Claudia Gabriela Salas Rodríguez, Directora General de Planeación del Instituto Nacional de las Mujeres, ser mujer en México, aún es una desventaja, y mientras no existan las medidas precautorias necesarias, códigos penales y leyes adecuadas para que la mujer víctima de violencia se apoye para salvar su vida, el maltrato para el sexo femenino seguirá existiendo. (Informador, 2008 pág. 2B)

Ninguna sociedad puede considerarse democrática si las mujeres que viven en ella no tienen acceso a la justicia.

4.- LEGISLACION INTERNACIONAL, NACIONAL Y ESTATAL REFERENTE A LA VIOLENCIA CONTRA LA MUJER Y SU PREVENCIÓN.

La legislación de un país deja de manifiesto el estado de derecho y el avance legislativo que tiene en concordancia con las codificaciones universales, ya que actualmente las legislaciones nacionales deben de ser afines a las recomendaciones internacionales sobre todo hablando de leyes que protejan los derechos que tienen las personas, por lo que todas las leyes, de mayor a menor jerarquía, deben ser acordes con los principios que están universalmente establecidos.

Los cambios impulsados para proteger a la mujer contra la violencia han traído aparejados diversos cambios desde la Constitución hasta las legislaciones nacionales y estatales, en las cuales se han variado percepciones, modificado conceptos, adicionado artículos, siempre en busca de proporcionarle a la mujer una vida libre de violencia.

Por lo que en este capítulo, se pretenden dejar a la vista la correlación que existe entre el deber ser de la norma y los cambios que se deben de realizar en el ámbito practico para que la ley realmente se materialice y de esa manera garantizar los derechos de las personas a quienes trata de proteger.

Esto es importante puesto que al identificar la manera en que la legislación está tratando de resolver éste problema social, nos permite reconocer, confirmar o desarrollar alternativas de solución a conflictos que afectan la salud física, mental, sexual, reproductiva y de cualquier otra índole, de las mujeres y prevenir nuevos actos de violencia.

4.1. Constitución política de los Estados Unidos Mexicanos

Analizar la Constitución Nacional, las leyes federales y estatales, así como demás instrumentos jurídicos que contienen las garantías que se le otorgan a las mujeres víctimas de violencia, así como las legislaciones que establecen las sanciones para quien las violente, y las Instituciones a las que se les atribuye la realización de programas preventivos para evitar que continúe la violencia contra las mujeres, permitirá hacer efectivo el acceso de éstas a la justicia.

Como parte del marco jurídico nacional, en primer término se analiza la Constitución Política de los Estados Unidos Mexicanos, la cual al ser la norma fundamental que nos rige, se encuentra jerárquicamente por encima de cualquier otro ordenamiento. De ella emanan y a ella deben de estar ajustadas todas las demás legislaciones, ya sea de carácter federal o estatal.

Al considerar que las garantías individuales se encuentran dentro de la Constitución y de ella emana la protección que a las víctimas de delitos de violencia se les otorga, es por lo que a continuación se procederá a detallar algunos artículos constitucionales que guardan intima relación con la prohibición de conductas de violencia y/o la atención de las mujeres que son violentadas.

La Constitución en el primer párrafo de su primer artículo establece que:

"todo individuo gozará de las garantías que otorga esta Constitución...",

Precepto constitucional que en obviedad de razones también aplica a las mujeres víctimas de violencia.

En el párrafo tercero del mismo numeral se señala:

"En los Estados Unidos Mexicanos queda prohibida la discriminación motivada por origen étnico o nacional, el género, la edad, (...) el estado civil o cualquier otra que atente contra la dignidad humana y tenga por objeto anular o menoscabar los derechos y libertades de las personas".

La discriminación hacia la mujer como se analizó en el capítulo anterior es una de las formas de discriminación más silenciadas y aceptadas socialmente.

De gran importancia es el artículo 4 toda vez que en el mismo se eleva a garantía constitucional el derecho de igualdad entre hombres y mujeres frente a la ley, señalando textualmente:

"...El varón y la mujer son iguales ante la ley..."

Debe también estudiarse el párrafo tres del mismo numeral, el cual señala:

"toda persona tiene derecho a la protección de la salud..."

y al considerar que la violencia contra la mujer no es una enfermedad, pero si puede ser un causante del deterioro o afectación a la salud de la misma ya que con las conductas violentas que se ejercen contra las mujeres, se viola sistemáticamente esta garantía, ya que el maltrato físico en obvias razones provoca un detrimento claro de la afectación a la salud de la mujer, pero el maltrato psicológico provoca alteraciones emocionales que causan desequilibrio en la salud, maltrato que regularmente está presente en cualquier situación violenta. En consecuencia, una mujer que sufre de violencia puede ver afectada su salud física, sexual o psicológica, o todas simultáneamente, a consecuencia de la violencia cometida en su agravio.

Ahora con las reformas realizadas a la Constitución Federal en marzo del 2008, entre las reformas, se encuentra la realizada al artículo 21, en el cual se varío la definición de seguridad pública, agregándose que también comprende a la seguridad pública la prevención, numeral que a la letra dice:

> "... La seguridad pública es una función a cargo de la Federación, el Distrito Federal, los Estados y Municipios, que comprende la prevención de los delitos, la investigación y persecución para hacerla efectiva, así como la sanción de las infracciones administrativas, en los términos de la ley en las respectivas competencias que esta constitución señala..." (Reforma Constitucional de Seguridad y Justicia, 2008)

Estableciendo también que el Ministerio Público y las instituciones policiales de los tres órdenes de gobierno deberán coordinarse entre sí para cumplir los objetivos de la seguridad pública, objetivos entre los que se encuentra el señalado en el inciso c) del citado artículo que estipula:

> "... La formulación de políticas públicas tendientes a prevenir la comisión de delitos..."

De ésta manera la prevención es elevada a nivel constitucional como parte de la Seguridad Pública y es considerada una medida primordial para el combate al delito.

4.2. Tratados internacionales

Es importante señalar que como se dijo a un principio, los avances legislativos que se han dado en nuestro país es debido a que obedecen a los tratados internacionales que tratando de aminorar la situación de la mujer víctima de violencia, han realizado convenciones en las cuales se ha tratado de mejorar las condiciones de vida de las mujeres a nivel mundial.

La lucha contra la violencia sexual es un problema social ya añejo en México. Bajo la influencia del "Año Internacional de la Mujer" celebrado en nuestro país en 1975, surgieron innumerables grupos que incorporaron las cuestiones de género como ejes de trabajo, incluyendo a la violencia contra la mujer.

La dinámica impulsada por el movimiento de mujeres desde mediados de los 50, promovió el tema a nivel internacional. A mediados del siglo pasado, en la década de los 60, como resultado de los movimientos feministas, se inicia en Europa una corriente de reforma del derecho de familia orientada por el principio de igualdad: igualdad entre los hijos, igualdad entre el padre y la madre e igualdad entre los esposo. En la década de los 80, las legislaciones de América Latina y el Caribe comienzan a ser modificadas a la luz de los mismos principios, además reforzados por la aprobación en 1979, de la Convención sobre la eliminación de todas las formas de discriminación contra la mujer. Hasta estos cambios, los textos legales consagraban la autoridad masculina al reconocer a la mujer una facultad de control y castigo, es decir, claramente permitían y propiciaban la violencia contra la mujer. (Hanna, Binstock 2005)

La problemática de la violencia contra la mujer se plantea en forma expresa por primera vez en 1980, en la Conferencia del Decenio de las Naciones Unidas para la Mujer, reunida en Copenhague. En efecto, entre sus 48 resoluciones se incluye una titulada "La mujer maltratada y la violencia en la familia". En esta resolución se manifiesta la necesidad de reconocer que los malos tratos infringidos a familiares, "constituyen un problema de graves consecuencias sociales que se perpetúa de una generación a otra". Se señala además que "... las actitudes ancestrales que disminuyen el valor de la mujer, han determinado la virtual impunidad judicial de las personas que cometen actos de violencia contra sus familiares o mujeres confiadas al cuidado de instituciones".

En 1982, el Consejo Económico y Social, reunido en Ginebra, resolvió que los malos tratos contra mujeres y niños, la violencia en la familia y las violaciones, constituyen una ofensa a la dignidad del ser humano.

En 1983, el Seminario Internacional sobre Violencia en la Familia, organizado por las Naciones Unidas y la alianza de ONG para la prevención del Delito y la Justicia Penal, señalo la necesidad de investigar los orígenes económicos de la violencia familiar y su interrelación con la violencia social. En el mismo año una encuesta mundial realizada por las Naciones Unidas sobre la situación de la mujer y la administración de los sistemas de justicia penal, revelo la gravedad de la violencia doméstica y lo inadecuado que resultaba la justicia penal frente a estos hechos.

En 1985, la Conferencia Mundial de Nairobi que marco el final del decenio de las Naciones Unidas para la Mujer, por primer vez incluyo la violencia contra la mujer en la familia como tema relativo a la paz, al señalar que los golpes, las mutilaciones, quemaduras, el abuso sexual y la violación constituyen un importante obstáculo para la paz; estableció como prioridad la eliminación de la violencia en la familia y planteó la necesidad de que "los gobiernos traten de crear conciencia pública sobre la violencia contra la mujer como un fenómeno social", pero no se categorizó la violencia contra la mujer como violación de derechos humanos, cubierta por la convención.

En 1986 el Consejo Económico y Social declara que la violencia en la familia es una grave violación de los derechos de la mujer y en 1991 la Comisión de la Condición Jurídica y Social de la Mujer recomienda la conveniencia de reunir a un grupo de expertos para determinar que instrumento internacional es necesario para enfrentar el problema.

A finales de 1990, uno de los logros más significativos del movimiento de mujeres fue haber comenzado a traspasar la visión socialmente arraigada de que la violencia contra la mujer era un asunto privado y considerar que todas las formas de violencia contra la mujer, incluyendo los abusos domésticos, eran tema de preocupación pública e internacional, (Naciones Unidas, 1995).

En 1990 después de los movimientos de mujeres se varia la aceptación social de que la violencia contra la mujer dentro de la familia era considerada un asunto privado y se le comienza a considerar un problema social a nivel internacional que necesitaba atención, logrando así que los Estados reconocieran ésta violencia a fin de prevenirla, erradicarla y sancionarla.

En 1992 el Comité para la Eliminación de la Discriminación contra la Mujer, adoptó una recomendación general en la que afirma que de acuerdo a la Convención, la violencia contra la mujer es ciertamente una forma de discriminación de género que los Gobiernos están obligados a eliminar.

En agosto de 1992, un grupo de trabajo de la Comisión de la Condición Jurídica y Social de la Mujer presentó un proyecto de Declaración sobre violencia contra la mujer que fue aprobado por la Asamblea General en diciembre de 1993, en el que se reconoce que la violencia contra la mujer es un obstáculo para el logro de la igualdad, el desarrollo y la paz y que las oportunidades para que la mujer alcance la igualdad legal, social, económica y política se ven continuamente limitadas por la violencia. Se define la violencia contra la mujer "como todo acto de violencia basado en la pertenencia al sexo femenino que tenga o pueda tener como resultado un daño o sufrimiento físico, sexual o psicológico para la mujer, inclusive las amenazas de tales actos, la coacción o la privación arbitraria de la libertad, tanto si se producen en la vida pública como privada; y contiene una enumeración enunciativa de los actos que se consideran violencia de género.[4]

[4] Se considera violencia de género: "a) la violencia física, sexual y psicológica que se produzca en la familia, incluidos los malos tratos, el abuso sexual de las niñas en el hogar (...) , la violación por el marido (...) los actos de violencia perpetrados por otros miembros de la familia y la violencia relacionada con la explotación; b) la violencia

En 1995, la Asamblea General urgió a los Estados a reforzar en las legislaciones nacionales, las sanciones penales, civiles, laborales y administrativas, para castigar la violencia contra la mujer en el hogar, lugar de trabajo, en la comunidad y en toda la sociedad; y declaró todas las formas de violencia sexual y tráfico sexual como una violación de los derechos humanos de las mujeres y niñas.

El Secretario General en su mensaje en el Día Internacional de la Mujer en marzo de 1995, señala que ha llegado el momento de que los Estados le den a la Declaración sobre la eliminación de la violencia contra la mujer una forma legal vinculante.

La Plataforma de Acción adoptada en la cuarta Conferencia Mundial sobre la Mujer realizada en Beijing plantea, entre sus objetivos estratégicos, el estudiar las causas de la violencia contra la mujer y buscar métodos para elaborar estrategias de prevención.

Las medidas de carácter legal que se plantean en respuesta de estos objetivos se refieren a la revisión y análisis permanente de las leyes para asegurar su eficacia, haciendo hincapié en la prevención, el enjuiciamiento de los responsables, la protección de las víctimas, la reparación de los daños, y la rehabilitación de los agresores. Para ello se sugiere introducir sanciones penales, civiles, laborales y administrativas para castigar y reparar los daños causados en el hogar, en el lugar de trabajo, la comunicad o la sociedad; en especial se sugiere introducir penas para los miembros de la policía u otro agente del Estado que cometa actos de violencia contra la mujer en el desempeño de sus funciones.

---

física, sexual y psicológica perpetrados dentro de la comunidad en general, inclusive la violación, el abuso sexual, el acoso y la intimidación sexuales en el trabajo, en instituciones educacionales y en otros lugares, la trata de mujeres y la prostitución forzada...

Asimismo, se planteó modificar los modelos de conductas sociales y culturales y eliminar los prejuicios y las prácticas consuetudinarias y de otro tipo, basadas en la idea de la inferioridad o la superioridad de uno de los sexos.

La Declaración Universal de Derechos Humanos, fue adoptada por la Asamblea General de las Naciones Unidad, el 10 de diciembre de 1948. Como instrumento interpretativo de la Carta de las Naciones Unidas, constituye el primer texto jurídico vinculante como tema de los Derechos Humanos, su articulado cubre el tema de la violencia contra la mujer al señalar que "todos los seres humanos nacen libres e iguales en dignidad y derechos..." y que "toda persona tiene todos los derechos y libertades proclamados en esta declaración sin distinción alguna de raza, color, sexo..." ; y al enumerar estos derechos se incluye los siguientes derechos: a la "vida, a la libertad y a la seguridad..." al no ser sometidos " a tratos crueles e inhumanos o degradantes" (arts.1, 2, 3 y 5). La declaración reconoce "a toda persona... derecho a un recurso efectivo ante los tribunales nacionales competentes, que la ampare contra actos que violen sus derechos fundamentales reconocidos por la Constitución o por la ley" (Art.8); hacer oída en condiciones de plena igualdad públicamente y con justicia por un tribunal independiente e imparcial, para la determinación de sus derechos y obligaciones o para el examen de cualquier acusación contra ella en materia penal.

En la Asamblea General de las Naciones Unidas en diciembre de 1993 se adopta La Declaración sobre la Eliminación de la Violencia contra la Mujer, cuya finalidad es reforzar y complementar el proceso de aplicación de la Convención y, sobre todo, haber visible a nivel internacional la preocupación por la violencia contra la mujer. Para ello después de definir la violencia contra la mujer hace un llamado a los Estados parte para castigar e indemnizar los daños causados a las mujeres sometidas a violencia, para que se las provea de posibilidad de acceder a la justicia y darles a conocer sus derechos y los procedimientos para hacerlos valer.

Asimismo, se sugiere a los Estados incluir medidas en los planes nacionales de acción, tomar medidas legales, políticas, administrativas y culturales para prevenir la violencia contra la mujer y con asignación presupuestaria. En particular convoca a los Estados a asegurarse de que la re victimización de la mujer no se produzca por leyes insensibles a las consideraciones de género. La declaración incluye un llamado a la capacitación y sensibilización de los funcionarios responsables de la prevención, investigación y castigo de la violencia contra la mujer. Concluye dándole prioridad a las legislaciones nacionales o cualquier convención internacional que tenga un efecto mayor en la eliminación de la violencia.

Es por lo que en este sentido, la Declaración de Naciones Unidas en contra de la Violencia hacia las Mujeres, y la Convención Interamericana para Prevenir, Sancionar y Erradicar la Violencia contra la Mujer, son los instrumentos internacionales más importantes en el reconocimiento de la condición de vulnerabilidad de las mujeres que sufren de violencia.

La Convención Interamericana para Prevenir, Sancionar y Erradicar la Violencia contra la Mujer, es también conocida como la Convención de Belem do Pará puesto que se adoptó en esa ciudad brasileña, el 9 de junio de 1994, misma que México ratificó hasta noviembre de 1998.

En esta Convención se entiende por violencia contra la mujer:

".. Cualquier acción o conducta, basada en su género, que cause muerte, daño o sufrimiento sexual o psicológico, a la mujer, tanto en el ámbito público como en el privado, aún la que tenga lugar dentro de la familia o unidad doméstica o en cualquier otra relación interpersonal, ya sea que el agresor comparta o haya compartido el mismo domicilio que la mujer..."

En la misma se ratifica que la violencia contra las mujeres es una de las manifestaciones de desigualdad entre hombres y mujeres y que dichos actos violentos son una flagrante violación a los Derechos Humanos y libertades fundamentales de éstas.

En dicha Convención Belén do Para, se estableció que los Estados Parte tienen la obligación de adoptar medidas legislativas, administrativas y programas, que tengan por objeto el prevenir, sancionar y erradicar la violencia contra la mujer.

Entre las medidas legislativas se señaló específicamente que se deberían de realizar en las legislaciones internas, las modificaciones o adhesiones necesarias a las normas penales, civiles y administrativas, que permitieran a la mujer tener una vida libre de violencia, y que deberían derogarse aquellas que de manera velada permitieran la violencia contra la mujer.

Asimismo, señala que los Estados partes deben de realizar las modificaciones estructurales necesarias para que los juicios donde intervengan mujeres que han sido víctima de violencia sean ágiles y justos, para que la mujer que haya sido sometida a la violencia se valga de ellos y tenga acceso efectivo al resarcimiento, reparación de los daños u otros medios de compensación justos y eficaces.

Y teniendo vital importancia que los Estados realicen todas las acciones y políticas públicas necesarias para llevar a cabo programas de prevención, que más allá que atender a mujeres víctimas de violencia, logren que la violencia se erradique. Tal y como se señala en los siguientes artículos:

> **"... Deberes de los Estados**
>
> **Artículo 7**
>
> Los Estados Partes condenan todas las formas de violencia contra la mujer y convienen en adoptar, por todos los medios apropiados y sin dilaciones, políticas orientadas a prevenir, sancionar y erradicar dicha violencia y en llevar a cabo lo siguiente: .....
>
> b) Actuar con la debida diligencia para prevenir, investigar y sancionar la violencia contra la mujer;
>
> c) Incluir en su legislación interna normas penales, civiles y administrativas, así como las de otra naturaleza que sean necesarias para prevenir, sancionar y erradicar la violencia contra la mujer y adoptar las medidas administrativas apropiadas que sean del caso;..." (Instituto Nacional de las Mujeres, 2001)

Con posterioridad en la Declaración y Plataforma de Acción de Beijing de la IV Conferencia Mundial de la ONU sobre las mujeres, que se celebró en Beijing en 1995, se retomaron algunos aspectos de la Convención de Belem do Pará y se exhorto a los gobiernos a tomar medidas conjuntas para eliminar la violencia contra la mujer, además se plantearon, entre sus objetivos estratégicos, el estudiar las causas de la violencia contra la mujer y buscar métodos para elaborar estrategias de prevención.

Al reconocer a nivel mundial la violencia contra la mujer, como una de las formas de opresión y discriminación femenina, la cual surge de la desigualdad de poder que se le otorga a cada género, es que los derechos de la mujeres se inscribe en Instrumentos Internacionales, en el rubro de la defensa de los Derechos Humanos de las mujeres.

Este hecho ha permitido acuñar el término "violencia contra la mujer" del que también se ha ocupado la ONU definiéndolo, como:

"todo acto de violencia ejercido contra la mujer por el simple hecho de serlo y cuyo resultado, posible o real, consiste en un daño físico, sexual, y/o psicológico, incluidas las amenazas, la coerción o la privación arbitraria de libertad, y todo ello con independencia de que se produzca en el ámbito público o privado".

Plataforma de acción en la que con respecto a la prevención se establecieron los siguientes objetivos:

> **"...Objetivo estratégico D.1.**
>
> **Adoptar medidas integradas para prevenir y eliminar la violencia contra la mujer**
>
> Medidas que han de adoptar los gobiernos: ...
>
> b) No cometer actos de violencia contra la mujer y tomar las medidas necesarias para prevenir, investigar y, de conformidad con las leyes nacionales en vigor, castigar los actos de violencia contra la mujer, ya hayan sido cometidos por el Estado o por particulares;

d) Adoptar o aplicar las leyes pertinentes, y revisarlas y analizarlas periódicamente a fin de asegurar su eficacia para eliminar la violencia contra la mujer, haciendo hincapié en la prevención de la violencia y el enjuiciamiento de los responsables; adoptar medidas para garantizar la protección de las mujeres víctimas de la violencia, el acceso a remedios justos y eficaces, inclusive la reparación de los daños causados, la indemnización y la curación de las víctimas y la rehabilitación de los agresores;

Objetivo estratégico D.2.

Estudiar las causas y las consecuencias de la violencia contra la mujer y la eficacia de las medidas de prevención

Medidas que han de adoptar los gobiernos, las organizaciones regionales, las Naciones Unidas, otras organizaciones internacionales, los institutos de investigación, las organizaciones femeninas y juveniles y las organizaciones no gubernamentales, según corresponda:

a) Promover la investigación, recoger datos y elaborar estadísticas, especialmente en lo concerniente a la violencia en el hogar, relacionadas con la frecuencia de las distintas formas de violencia contra la mujer, y fomentar las investigaciones sobre las causas, la naturaleza, la gravedad y las consecuencias de esta violencia, así como sobre la eficacia de las medidas aplicadas para impedirla y reparar sus efectos;..."

Sin embargo, aun cuando se han planteado dichos objetivos, no es fácil llevarlos a cabo tal y como lo informó México en la reunión denominada Pekín 5, en la que se analizaron las acciones realizadas, se concluyó que el trabajo que han realizado instituciones públicas y privadas así como la sociedad civil, ha permitido detectar cuales son los principales obstáculos que dificultan el combate de la violencia contra las mujeres, que son los siguientes:

> "...•La escasez de recursos para la implementación de programas de prevención y proyectos
> •Insuficientes espacios especializados en la atención a víctimas de violencia intrafamiliar.
> •Resistencia a la sensibilización en género acciones para erradicar la violencia intrafamiliar y contra las mujeres..."

Por lo que es un reto para el país combatir estos obstáculos para lograr que la mujer mexicana viva libre de violencia.

4.3. Legislación federal

Una de las respuestas por parte del Estado a planteamientos específicos de las mujeres que sufren violencia, ha sido generar un marco jurídico que eleva a nivel federal el derecho de toda mujer a vivir una vida libre de violencia

4.3.1. Ley General de Acceso a las Mujeres a una Vida libre de Violencia

El Secretario General de la Organización de las Naciones Unidas, en su mensaje en el Día Internacional de la Mujer en marzo de 1995, señaló que después de haber realizado las Convenciones y haber logrado que se considerara a la Violencia contra las Mujeres como una violación a los derechos humanos de éstas, era el momento de que los Estados parte le dieran a la Declaración sobre la eliminación de la violencia contra la mujer una forma legal vinculante.

Convenciones que como quedó puntualizado con anterioridad México ratificó en el año de 1998, sin embargo, fue hasta el primero de febrero del año 2007 cuando el Congreso de la Unión expidió la Ley General de Acceso a las Mujeres a una vida libre de Violencia, siendo con dicha ley con la que por fin México expide una ley para proteger a las mexicanas y lograr que vivan una vida sin violencia, ya que incluso dicha ley en su primer artículo señala que:

> "...ley tiene por objeto establecer la coordinación entre la Federación, las entidades federativas y los municipios para prevenir, sancionar y erradicar la violencia contra las mujeres, así como los principios y modalidades para garantizar su acceso a una vida libre de violencia que favorezca su desarrollo y bienestar conforme a los principios de igualdad y de no discriminación, así como para garantizar la democracia, el desarrollo integral y sustentable que fortalezca la soberanía y el régimen democrático establecidos en la Constitución Política de los Estados Unidos Mexicanos..."

Estableciendo de ésta manera la coordinación que debe existir para erradicar la violencia contra las mujeres en los hogares mexicanos.

De igual forma, dicho ordenamiento en su artículo tercero establece que:

> "..Las medidas que se deriven de la presente ley, garantizarán la prevención, la atención, la sanción y la erradicación de todos los tipos de violencia contra las mujeres durante su ciclo de vida y para promover su desarrollo integral y su plena participación en todas las esferas de la vida..."

Lo cual nos deja de manifiesto que una de las principales medidas para lograr que se erradique la violencia, es la prevención.

Legislación federal que establece que se considera Violencia contra la mujer en su artículo 5 fracción IV, mismo que a la letra dice:

> "...Cualquier acción u omisión, basada en su género, que les cause daño o sufrimiento psicológico, físico, patrimonial, económico, sexual o la muerte tanto en el ámbito privado como en el público..."

Y en su artículo 6 señala que las formas de violencia contra la mujer son las siguientes:

"...**I.** La violencia psicológica.- Es cualquier acto u omisión que dañe la estabilidad psicológica, que puede consistir en: negligencia, abandono, descuido reiterado, celotipia, insultos, humillaciones, devaluación, marginación, desamor, indiferencia, infidelidad, comparaciones destructivas, rechazo, restricción a la autodeterminación y amenazas, las cuales conllevan a la víctima a la depresión, al aislamiento, a la devaluación de su autoestima e incluso al suicidio;

II. La violencia física.- Es cualquier acto que inflige daño no accidental, usando la fuerza física o algún tipo de arma u objeto que pueda provocar o no lesiones ya sean internas, externas, o ambas;

III. La violencia patrimonial.- Es cualquier acto u omisión que afecta la supervivencia de la víctima. Se manifiesta en: la transformación, sustracción, destrucción, retención o distracción de objetos, documentos personales, bienes y valores, derechos patrimoniales o recursos económicos destinados a satisfacer sus necesidades y puede abarcar los daños a los bienes comunes o propios de la víctima;

IV. Violencia económica.- Es toda acción u omisión del Agresor que afecta la supervivencia económica de la víctima. Se manifiesta a través de limitaciones encaminadas a controlar el ingreso de sus percepciones económicas, así como la percepción de un salario menor por igual trabajo, dentro de un mismo centro laboral;

V. La violencia sexual.- Es cualquier acto que degrada o daña el cuerpo y/o la sexualidad de la Víctima y que por tanto atenta contra su libertad, dignidad e integridad física. Es una expresión de abuso de poder que implica la supremacía masculina sobre la mujer, al denigrarla y concebirla como objeto, y

VI. Cualesquiera otras formas análogas que lesionen o sean susceptibles de dañar la dignidad, integridad o libertad de las mujeres. ..."

También en dicha ley, en su artículo 38 señala que se realizará un programa para la prevención, atención y erradicación de la violencia contra la mujer, programa que le corresponde elaborar, coordinar y aplicar a la Secretaría de Gobierno, en coordinación con demás instituciones.

También a nivel federal existe una Norma Oficial Mexicana (190-SSA1-1999), denominada "Criterios para la Atención Médica de la Violencia Familiar", de aplicación obligatoria en todos los estados de la República, la cual cobra importancia al considerar que el primer acercamiento al abordaje del problema de la violencia contra las mujeres, tanto a nivel internacional como nacional, se dio desde el ámbito de la salud.

4.4. Legislación estatal

Tal y como se vieron reflejados los tratados internacionales a nivel federal, de igual manera se han tomado en cuenta a nivel estatal, ya que en el estado se han creado 2 leyes importantes para tratar de frenar la violencia contra la mujer.

4.4.1. Ley Estatal para la Prevención y Atención de la Violencia Intrafamiliar

Es importante recalcar que en Jalisco, desde el año 2003 se creó la ley Estatal para la Prevención y Atención de la Violencia Intrafamiliar, en la cual se contemplan atribuciones para la prevención y atención de la violencia intrafamiliar, que coadyuva con el Sistema Estatal para el Desarrollo Integral de la Familiar, en las acciones de prevención de este problema.

Están vinculadas las acciones estatales de atención a la violencia familiar con aquellas tendientes al fortalecimiento de la familia, y se pretende dicho fortalecimiento por el derecho a vivir sin violencia de los integrantes del núcleo familiar, núcleo dentro del cual se encuentran las mujeres. Varios preceptos dentro de esta ley se refieren al trabajo que deben hacer las instancias gubernamentales para erradicar formas de relación entre los miembros de la familia, que vulneren la dignidad humana y de patrones que refuercen la violencia en ese núcleo, así esta ley se encarga de frenar, sancionar y erradicar la violencia en la familia, misma que en su artículo 1 señala:

> "...II. Promover y estimular una cultura que favorezca y coadyuve a crear un marco objetivo de libertad y equidad, entre los integrantes de la familia, con el propósito de erradicar la violencia intrafamiliar; y
>
> III. Establecer las bases de coordinación y colaboración, y competencia de los servicios con que cuenta el Estado,

instituciones y procedimientos para la atención de personas receptoras y generadoras de violencia intrafamiliar..."

En su artículo 14 prevé la creación del Consejo Estatal Para la Prevención y Atención de la Violencia Intrafamiliar, el cual es el encargado de la planeación y apoyo normativo, de consulta, de evaluación, y de atención, respecto de las políticas y criterios generales, relativos a la prevención y atención de la violencia intrafamiliar en el Estado. Y dentro de sus atribuciones se encuentran las siguientes:

"..I. Establecer las políticas públicas y los criterios rectores, relacionados con la prevención y atención de los asuntos sobre violencia intrafamiliar;

II. Establecer las bases de modelos de atención y coordinación entre las instituciones del Estado y Municipios, en torno a la violencia intrafamiliar..."

Cabe hacer notar que el último programa de prevención que el CEPAVI ha desarrollado en el estado, según se desprende de su portal en Internet, es la campaña "La violencia no es normal" la cual data del año 2005.

4.4.2. Ley **Estatal para la Detección, Prevención y Erradicación de la** Violencia **de Género en contra de las** Mujeres **para el Estado de** Jalisco **y sus Municipios**

Posteriormente y en cumplimiento a lo ordenado en la Ley General de Acceso a una vida libre de violencia, en junio del año 2008, el Congreso del Estado expidió la Ley Estatal para la Detección, Prevención y Erradicación de la Violencia de Género en contra de las Mujeres para el Estado de Jalisco y sus Municipios, la cual se crea con el objeto de sentar las bases del sistema y programa para la atención, prevención y erradicación de la violencia contra las mujeres, a fin de garantizar el derecho fundamental de las mujeres a acceder a una vida libre de violencia.

En la legislación estatal, al igual que en la federal, se establece cuales son los tipos de violencia contra las mujeres, la creación de un consejo para la prevención, atención y erradicación de la violencia, así como la creación de un programa estatal, el cual según se establece en su artículo 21 contendrá:

"...El programa estatal contendrá todas las acciones para detectar, prevenir, atender y erradicar la Violencia contra las Mujeres, es el instrumento que contiene las acciones que, en forma planeada y coordinada, deberán realizar las dependencias y entidades de la administración pública estatal y municipal, en el corto, mediano y largo plazo. Dicho programa tendrá el carácter de prioritario..."[5]

Dejando en claro que las acciones a realizar deberán de ser de forma coordinada y planeada estado con municipio, ya que tal y como se desprende del numeral 17 quiénes integrarán el consejo y

---

[5]www.congresojal.gob.mx/BibliotecaVirtual/busquedasleyes/buscador_leyes_estatales.cfm

son co-responsables de la elaboración y aplicación de los programas son:

"**...Artículo 17**. El Consejo se conforma por los titulares o los representantes que estos designen, de las siguientes dependencias y entidades:

"...I. El Gobernador Constitucional del Estado, quien fungirá como Presidente Honorario;

II. La Secretaría General de Gobierno, quien será el Presidente Ejecutivo del Consejo;

III. La Secretaría de Desarrollo Humano;

IV. La Secretaría de Seguridad Pública, Prevención y Readaptación Social;

V. La Secretaría de Educación Jalisco;

VI. La Secretaría de Salud;

VII. La Secretaría de Cultura;

VIII. La Secretaría del Trabajo;

IX. La Procuraduría Social;

X. El Instituto Jalisciense de las Mujeres, quien ocupará la Secretaría Ejecutiva del Sistema;

XI. El Instituto Jalisciense de Asistencia Social;

XII. El Sistema Estatal para el Desarrollo Integral de la Familia;

XIII. La Procuraduría General de Justicia;

XIV. El Sistema Jalisciense de Radio y Televisión;

XV. El Consejo Estatal para la Prevención y Atención de la Violencia Intrafamiliar;

XVI. La Universidad de Guadalajara y dos especialistas en la materia de instituciones de Educación Superior reconocidas del estado; y

XVII. Un representante de los Ayuntamientos de la Entidad por cada una de las regiones administrativas en que se divide el Estado de Jalisco..."

Por lo que legalmente se establece la necesidad de que los programas que se realicen sean de manera coordinada, aunque de las instituciones anteriormente señaladas hay algunas que en su ley orgánica ya le establecen la obligación de elaborar programas de prevención. Legislación que posteriormente fue reformada para dar paso a la Ley de Acceso de las Mujeres a una vida libre de Violencia del Estado de Jalisco.

4.4.3 Ley de Acceso de las Mujeres a una vida libre de Violencia del Estado de Jalisco.

Como un avance más en el tema, se promulga dicha ley, la cual tiene como objeto establecer las bases del Sistema y la coordinación para la atención, prevención y erradicación de la violencia contra las mujeres, así como establecer las políticas y acciones gubernamentales a fin de garantizar el derecho fundamental de las mujeres a acceder a una vida libre de violencia, favoreciendo su pleno desarrollo y bienestar subjetivo conforme a los principios constitucionales de igualdad y no discriminación.

Resultan novedosos en dicha legislación conceptos como alerta de violencia de género, debida diligencia, empoderamiento de las mujeres.

En dicha legislación se crea el Sistema Estatal para Prevenir, Atender, Erradicar y Sancionar la Violencia contra las Mujeres, así como el Consejo, y es dicho consejo la instancia encargada de dictar los ejes rectores y transversales de las políticas públicas en la materia de igualdad de género, prevención, atención, sanción, erradicación de la violencia contra las mujeres y operadora del sistema estatal, a través de acciones afirmativas que propicien su acceso a una vida libre de violencia.

Por lo que con dichos organismos se pretende crear conciencia en el Estado y ayudar a que más mujeres se libren de los malos tratos.

En el artículo 11 nos define que es la violencia contra la mujer, también hace mención a los diversos ámbitos o modalidades en los que una mujer puede ser víctima de violencia, entre los cuales se encuentran los siguientes:

"... I. Violencia familiar en contra de las mujeres, se considera a la ejercida dentro o fuera del domicilio de la víctima, cometida por la persona agresora con quien se tiene o se ha tenido un parentesco por consanguinidad o afinidad, o derivada de una relación de concubinato o matrimonio o de hecho;

II. Violencia Laboral, es la ejercida por las personas que tienen un vínculo laboral o análogo con la víctima, independientemente de la relación jerárquica; y consiste en la acción u omisión que atenta contra la igualdad y dignidad del receptor y por tanto daña su autoestima, salud, integridad, libertad y seguridad e impide su desarrollo armónico;
Además la descalificación del trabajo realizado, las amenazas, la intimidación, las humillaciones, la explotación, el impedimento a las mujeres de llevar a cabo el período de lactancia o cualquier otra forma de discriminación prevista en la ley, asimismo se considerará violencia laboral solicitar como requisito de contratación examen de ingravidez;

III. Violencia docente, son aquellas conductas que dañen la autoestima y el desarrollo profesional y personal de las alumnas con actos de discriminación por su sexo, edad, condición social, académica, embarazo, limitaciones o características físicas, que les infrinjan personal docente o personal administrativo;

IV. Violencia en la comunidad, consiste en los actos individuales o colectivos que transgredan derechos fundamentales de las mujeres en el ámbito social y propician su denigración, discriminación, marginación o exclusión;

V. Violencia institucional, se presenta cuando uno o varios servidores públicos, del nivel que sea, realicen actos u omisiones mediante los cuales discriminen o tengan como fin o resultado, dilatar, obstaculizar, impedir el goce o ejercicio de los derechos de las mujeres, o negarles las acciones destinadas a prevenir, atender, investigar y sancionar los diferentes tipos de violencia;

VI. Violencia feminicida, es el fenómeno social que se manifiesta en la forma extrema de violencia de género contra las mujeres, que de manera sistemática lesiona los derechos humanos de éstas en el ámbito público o privado, cuya escala puede llegar al homicidio teniendo como común denominador el género de las víctimas en un ambiente ideológico y social adverso a las mujeres, caracterizado por la ausencia o deficiente implementación de normas jurídicas y políticas públicas de protección que generan consecuentemente condiciones de inseguridad y ponen en riesgo su vida; y

VII. Violencia Política de Género, las acciones o conductas, que causen un daño físico, psicológico, económico, moral o sexual en contra de una mujer o varias mujeres o de sus familias, que en el ejercicio de sus derechos políticos-electorales ya sea como aspirantes, pre-candidatas, candidatas, funcionarias electas o designadas o en el ejercicio de sus funciones político-públicas tendientes a impedir el acceso a los cargos de elección popular o su debido desempeño, inducir la toma de decisiones en contra de su voluntad o de la ley;

VIII. Violencia en el noviazgo, son las acciones o conductas intencionales que generen un daño sexual, físico o psíquico, cometido por una persona contra otra con quien se tiene una relación afectiva, de enamoramiento o noviazgo, con el objeto de ejercer presión, manipulación o maltrato hacia alguna de las partes; y

IX. En todos aquellos ámbitos o modalidades en que una persona física o jurídica de derecho público o privado ejecute algún acto de violencia contra las mujeres que lesionen o sean susceptibles de dañar la dignidad, integridad o libertad de las mujeres..."

Lo cual resulta un avance, pues se contemplan y hacen visibles modalidades de violencia que antes no eran consideradas, por lo menos en la ley se dejan patentes los ámbitos en los que las mujeres son violentadas.

Específicamente en lo tocante a la prevención, el artículo 43 de dicha legislación, prevé las siguientes acciones preventivas:

"...Corresponde en materia de prevención a los integrantes del Consejo:

I. Capacitar al personal de sus dependencias en materia de derechos humanos, igualdad de género y la prevención, atención, sanción y erradicación de la violencia contra las mujeres;

II. Difundir, en coordinación con el Gobierno del Estado, campañas informativas permanentes sobre violencia en contra de las mujeres, sus tipos y modalidades y sobre las atribuciones y responsabilidades de las instituciones que atienden a las víctimas;

III. Remitir información y estadísticas al Banco Estatal de Datos e Información sobre casos de violencia contra las mujeres en nuestro estado;

IV. Realizar, facilitar o promover el desarrollo de investigación en torno a la violencia en contra de las mujeres y su acceso a la justicia, así como la creación de indicadores sobre el tema;

V. Establecer mecanismos internos para la denuncia del personal que incurra en violencia institucional..."

Sin embargo dichas acciones no se han realizado en su totalidad, no existe la capacitación permanente, aun no se ha generado el Banco estatal de datos, no se hacen acciones de investigación para detectar cuales son los factores que predisponen a que las mujeres sean víctimas de violencia, no hay indicadores actualizados, como se verá en capítulos más adelante, las estadísticas oficiales por parte del INEGI más recientes datan del 2011, por lo que las acciones realizadas en el eje normativo han sido las necesarias, sin embargo, el problema se presenta en la operatividad, en la aplicación de las mismas.

4.5. Acciones y leyes estatales enfocadas a la Prevención de la Violencia contra las mujeres.

En el estado se han realizado acciones para atender la violencia contra la mujer, prueba de ello, son las diversas legislaciones relacionadas con el tema. Además la reciente instauración del Centro de Justicia para la Mujer, el día 5 de febrero del 2015, el cual es un órgano interinstitucional conformado por 11 instituciones del Gobierno del Estado y un juzgado del Poder Judicial.

Dicho Centro tiene como objetivo primordial el proporcionar atención integral a las mujeres víctimas de delitos relacionados con violencia de género, mediante la procuración e impartición de justicia pronta y expedita, así como procesos de autovaloración y empoderamiento para la toma de decisiones que garanticen su bienestar y el de sus familias.

Se brinda atención a mujeres víctimas de delitos por razones de género, entre los que destacan:

- Lesiones;
- Violencia intrafamiliar;
- Violación;
- Privación de la libertad;
- Abuso sexual infantil;
- Abandono de familiares (obligaciones alimentarias);
- Abuso sexual;
- Incesto;
- Hostigamiento y acoso sexual;

•Amenazas;
•Lenocinio;
•Incitación a la prostitución; y
•Trata de personas.

Se resalta que en dicho centro, se cuenta con un área denominada de Programas y acciones de prevención de la violencia.

4.5.1 Ley de Seguridad Pública para el Estado de Jalisco

En la Ley de Seguridad Pública para el Estado de Jalisco, la fracción III del artículo 2 también establece que en el estado se tiene como fin:

> "...Promover y coordinar los programas de prevención de delitos e infracciones a las leyes y reglamentos del Estado;.."

Como se estableció con anterioridad en la Ley Estatal para la Detección, Prevención y Erradicación de la Violencia de Género en contra de las Mujeres para el Estado de Jalisco y sus Municipios, se establece que una de las maneras de erradicar la violencia contra las mujeres en el Estado es por medio de la prevención, la cual en su artículo 42 señala que la prevención que se realice en el estado tendrá como objetivo:

"...evitar la comisión de delitos, erradicar los factores de riesgo y lograr que la sociedad perciba todo tipo de violencia como un evento antisocial, un problema de salud pública y de seguridad ciudadana..."

Siendo importante que se busque el reconocimiento social de lo que se considera violencia contra las mujeres, como una manera de prevenir dichos actos y evitar que se sigan cometiendo, y la manera en que dichos programas preventivos deberán realizarse y lo que a cada una de las instituciones integrantes del consejo le competen se encuentran establecidos en el artículo 43 de la citada legislación, entre las cuales se encuentra:

"...I. Capacitar al personal de sus dependencias en materia de equidad de género;

II. Difundir campañas informativas permanentes sobre violencia en contra de las mujeres y de las instituciones que atienden a las víctimas;

III. Remitir información y estadísticas al Banco Estatal de Datos e Información sobre casos de violencia contra las mujeres en nuestro estado;

IV. Realizar, facilitar o promover el desarrollo de investigación en torno a la violencia en contra de las mujeres y su acceso a la justicia..."

4.5.2 Ley Orgánica de la Fiscalía General de Justicia del Estado de Jalisco

En el Estado, es a la Fiscalía General de Justicia del Estado, la Secretaría de Seguridad Pública y Readaptación Social y al Instituto de las Mujeres en el Estado, a quienes les compete la implementación de programas de prevención, ya que a la Procuraduría Estatal, según se desprende de su ley orgánica, artículo 2 fracción VI a ésta le compete:

> "... Realizar estudios y desarrollar programas de prevención del delito en el ámbito de su competencia..."

En la Ley de Seguridad Pública para el Estado, también se prevé la prevención como una manera de mejorar la calidad de vida del jalisciense, ya que ésta en su artículo 2 fracción III establece que le corresponde a la Secretaría de Seguridad Pública:

> "..Promover y coordinar los programas de prevención de delitos e infracciones a las leyes y reglamentos del Estado..."

Y en la misma numeral fracción VI señala:

> "...Procurar la seguridad pública mediante la prevención, persecución y sanción de las infracciones y delitos....."

4.5.3 Ley del Instituto Jalisciense de las Mujeres

También la Ley del Instituto Jalisciense de las Mujeres, establece en su artículo 7 que entre las obligaciones de dicho instituto se encuentran:

> ".. XXIV. Llevar a cabo programas que tiendan a resolver el problema de violencia intrafamiliar, así como para prevenir los delitos contra la integridad física y sexual de las mujeres..."

Y entre sus atribuciones establecidas en el numeral 8 está:

> "...IX. Diseñar, implementar y evaluar los programas destinados a la prevención y erradicación de la violencia contra las mujeres..."

La Ley Orgánica de la Procuraduría de Justicia del Estado de Jalisco, señala en su artículo 2 fracción VI como obligación del procurador:

> "...Realizar estudios y desarrollar programas de prevención del delito en el ámbito de su competencia"

La Ley del Instituto Jalisciense de las Mujeres en su artículo 7 fracción XXIV señala como objetivo del citado instituto:

> "... Llevar a cabo programas que tiendan a resolver el problema de violencia intrafamiliar, así como para prevenir los delitos contra la integridad física y sexual de las mujeres..."

Y en el artículo 8 fracción IX se establecen como atribuciones de dicho instituto:

> "...Diseñar, implementar y evaluar los programas destinados a la prevención y erradicación de la violencia contra las mujeres..."

Como se logró establecer, las leyes mencionadas contemplan la formación de Consejos estatales sobre violencia contra la mujer, que reúnen funcionarios públicos (tanto de los Ejecutivos locales como de los Congresos), así como representantes de algunas organizaciones sociales.

Estos Consejos tienen la tarea de realizar actividades para prevenir conductas de violencia dentro del hogar, así como sensibilizar a la población con respecto a las consecuencias que el maltrato puede tener para las víctimas y los agresores. También tienen la encomienda de capacitar a los funcionarios y en general al personal de las oficinas públicas para brindar una atención profesional, sensible y acorde a las necesidades de las mujeres golpeadas.

En materia de prevención, al igual que en otros aspectos relacionados con la violencia contra la mujer, los programas resultan insuficientes desde su misma concepción. Las soluciones no son inmediatas, pero sólo es posible avanzar si dichos programas se mejoran día a día.

4.5.4 Código penal para el Estado de Jalisco.

En un inicio la violencia en el interior de la familia, que es donde más ocurre la violencia contra las mujeres, se encontraba en el Código Penal del Estado únicamente como una agravante, y no fue hasta el año 2005 dos mil cinco cuando la Violencia Intrafamiliar fue reconocida penalmente como un delito autónomo dentro del articulo 176 Ter del citado ordenamiento legal, pero en primer término se consideraba violencia cuando el maltrato era reiterado, lo cual dio margen a la interpretación y que cada juzgador decidiera cuando se daba la reiteración, dejando así a la mujer víctima de violencia en una laguna legislativa, ya que primeramente la ley por lo menos permitía que se le violentara una ocasión, ya que hasta la segunda es cuando pudiera considerarse reiterado el acto y además se encontraba sujeta a que el juez que estudiara su caso decidiera cuando se daba para él la reiteración, si reiterado eran dos, tres o cinco veces. Por lo anterior y para evitar que siguiera la libre interpretación, es por lo que en junio del año 2008 se realizaron reformas a dicho artículo, eliminando la palabra reiteración, quedando el tipo penal de la siguiente manera:

> "...Comete el delito de violencia intrafamiliar quien infiera maltrato en contra de uno o varios miembros de su familia, tales como cónyuge, pariente consanguíneo hasta cuarto grado, pariente afín hasta cuarto grado, concubina o concubinario, adoptante o adoptado.
>
> Para efectos del párrafo anterior, se entiende por maltrato los actos u omisiones que causen un deterioro a la integridad física o psicológica, o que afecte la libertad sexual de alguna de las víctimas, independientemente de que se cometa o no otro delito..." (Recuperado en:

www.congresojal.gob.mx/BibliotecaVirtual/busquedasleyes/buscador_codigo_penal.cfmggg)

Importante recalcar que en dicho artículo se establece como violencia intrafamiliar, la violencia física, psicológica y sexual, dejando de lado la violencia económica y patrimonial, formas de violencia establecidas en la Ley de Acceso a las Mujeres a una vida libre de Violencia tanto a nivel federal como estatal.

El Código Penal también ha sufrido reformas, relacionadas con la Violencia contra la mujer, el delio de Violencia Intrafamiliar, tuvo su última reforma el 1 de diciembre del 2015 para quedar como sigue:

"...Comete el delito de violencia familiar quien infiera maltrato en contra de uno o varios miembros de su familia, tales como cónyuge, pariente consanguíneo hasta cuarto grado, pariente afín hasta cuarto grado, concubina o concubinario.

Para efectos del párrafo anterior, se entiende por maltrato los actos u omisiones que causen un deterioro a la integridad física o psicológica, o que afecte la libertad sexual de alguna de las víctimas, independientemente de que se cometa o no otro delito.

Al responsable de este delito se le impondrán de seis meses a cuatro años de prisión, sin perjuicio de la sanción que corresponda por la comisión de cualquier otro delito previsto por este código aplicándose para ello las reglas de concurso de delitos. Además, se impondrán, a juicio del Juez, las penas conjuntas o separadas de la perdida de la custodia que tenga respecto de la víctima, la prohibición de ir a lugar determinado o residir en él y tratamientos psicológicos, reeducativos, integrales, especializados y gratuitos que serán impartidos por instituciones públicas.

Se equipará a violencia familiar el maltrato que se infiera en contra del tutor, curador, pupilo, amasia o amasio, los hijos de éste o aquélla de quien habite en el domicilio de la persona agresora o hubiera habitado en el mismo, o de la persona a quien la persona agresora le deba dar cuidado o protección; la misma pena se le impondrá la persona agresora, si la víctima abandonó el domicilio al momento de la realización del hecho y que por dicha situación haya tenido que retirarse del mismo. Al responsable de este delito se le impondrá la pena señalada en el párrafo tercero de este artículo.

El maltrato que se infiera en contra de un hijo, adoptado, menor de edad, o a quien le deba dar cuidado y protección será considerado maltrato infantil el cual se encuentra previsto en el artículo 142 N del presente Código..." (Recuperado en: http://congresojal.gob.mx/BibliotecaVirtual/legislacion/Codigos/ C%C3%B3digo%20Penal%20para%20el%20Estado%20Libre %20y%20Soberano%20de%20Jalisco.doc)

Se observa como evolución, el que se prevean penalidades distintas a la pena privativa de libertad, pues éstas están dirigidas a prevenir la violencia y evitar que el agresor continúe con dichas actitudes, pues al imponerle tratamientos reeducadores y psicológicos, se pretende incidir en su manera de vivir y pensar.

También es un avance, el que se prevea como violencia intrafamiliar, cuando ésta es cometida por la ex pareja, ya que es común que aun cuando hayan cortado el vínculo la violencia prevalezca. Así mismo, el que se proteja a la mujer cuando tiene que abandonar el domicilio conyugal debido a la violencia de la que es objeto, pues legalmente, el agresor aprovechaba el que la mujer abandonaba el hogar, para además de continuar violentándola, demandarla por el abandono, por lo cual con dichas reformas se le protege de éste abuso legal.

4.6 Tesis emitidas en relación a la Violencia contra la Mujer.

Para dar mayor explicación a lagunas o solucionar controversias que se han suscitado en relación a la violencia contra las mujeres, se han emitido recientemente las siguientes tesis:

Tesis: P. XX/2015 (10a.)	Gaceta del Semanario Judicial de la Federación	Décima Época	2009998 1 de 41
Pleno	Libro 22, Septiembre de 2015, Tomo I	Pag. 235	Tesis Aislada(Constitucional)

IMPARTICIÓN DE JUSTICIA CON PERSPECTIVA DE GÉNERO. OBLIGACIONES QUE DEBE CUMPLIR EL ESTADO MEXICANO EN LA MATERIA.

El reconocimiento de los derechos de la mujer a una vida libre de violencia y discriminación y de acceso a la justicia en condiciones de igualdad, exige que todos los órganos jurisdiccionales del país impartan justicia con perspectiva de género, que constituye un método que pretende detectar y eliminar todas las barreras y obstáculos que discriminan a las personas por condición de sexo o género, es decir, implica juzgar considerando las situaciones de desventaja que, por cuestiones de género, discriminan e impiden la igualdad. De ahí que los juzgadores deben cuestionar los estereotipos preconcebidos en la legislación respecto de las funciones de uno u otro género, así como actuar con neutralidad en la aplicación de la norma jurídica en cada situación, toda vez que el Estado debe velar por que en toda controversia jurisdiccional, donde se advierta una situación de violencia, discriminación o vulnerabilidad por razones de género, ésta se tome en cuenta, a fin de visualizar claramente la problemática y garantizar el acceso a la justicia de forma efectiva e igualitaria. Así, la obligación de impartir justicia con perspectiva de género debe operar como regla general, y enfatizarse en aquellos casos donde se esté ante grupos de especial vulnerabilidad, como mujeres y niñas indígenas, por lo que el juzgador debe determinar la operabilidad del derecho conforme a los preceptos fundamentales consagrados tanto en la Constitución Política de los Estados Unidos Mexicanos, como en los tratados internacionales de los que el Estado Mexicano sea parte, procurando en todo momento que los paradigmas imperantes de discriminación por razón de género no tengan una injerencia negativa en la impartición de justicia; por el contrario, atendiendo precisamente a tales prejuicios o estereotipos, el juzgador debe considerar las situaciones de desventaja que tienen las mujeres, sobre todo cuando es factible que existan factores que potencialicen su discriminación, como lo pueden ser las condiciones de pobreza y barreras culturales y lingüísticas.

VARIOS 1396/2011. 11 de mayo de 2015. Mayoría de ocho votos de los Ministros José Fernando Franco González Salas, Arturo Zaldívar Lelo de Larrea, quien reservó su derecho a formular voto concurrente, Jorge Mario Pardo Rebolledo, Juan N. Silva Meza, Eduardo Medina Mora I., Olga Sánchez Cordero de García Villegas, Alberto Pérez Dayán y Luis María Aguilar Morales; votó en contra José Ramón Cossío Díaz. Ausentes: Alfredo Gutiérrez Ortiz Mena y Margarita Beatriz Luna Ramos. Ponente: Alberto Pérez Dayán. Secretario: Isidro E. Muñoz Acevedo.
El Tribunal Pleno, el siete de septiembre en curso, aprobó, con el número XX/2015 (10a.), la tesis aislada que antecede. México, Distrito Federal, a siete de septiembre de dos mil quince.

La tesis que nos ocupa deja de manifiesto la importancia de la perspectiva de género al momento de dictar sentencias, de aplicar la justicia, pues de los diagnósticos realizados por la Suprema Corte de Justicia de la Nación, durante los años 2008 y 2009 detectaron lo siguiente:

- Casi 7 de cada 10 personas que laboran en el ámbito jurisdiccional de la Suprema Corte de Justicia de la Nación (67.7%) consideran que es importante incluir la perspectiva de género en el análisis de los asuntos jurisdiccionales y los proyectos de sentencias.
- El 18.3% del personal jurisdiccional admite no saber qué significa perspectiva de género y la mitad de ellos no tiene claro como incluirla en su labor o no la considera una prioridad.
- Entre el personal jurisdiccional del Alto Tribunal predomina la ideo errónea de que adoptar la perspectiva de género

significa: "no hacer distinción alguna entre hombre y mujeres" (Coordinación General del Programa de Equidad de Género del Poder judicial de la Federación. Recuperado en: www.equidad.scjn.gob.mx/spip.php?article1342)

Por ello la necesidad de introducir la perspectiva de género en el análisis jurídico de los juzgadores al momento de emitir las sentencias, pues con ello se combaten los argumentos estereotipados contrarios al derecho de igualdad que debe prevalecer entre hombres y mujeres. Ésta reivindicación de los derechos de las víctimas busca equilibrar el ejercicio de poder entre víctima y victimario, con ello se empodera a las víctimas al reconocerles sus derechos y repararles éstos cuando les han sido violados.

Tesis: P. XIX/2015 (10a.)	Gaceta del Semanario Judicial de la Federación	Décima Época	2010005 3 de 41
Pleno	Libro 22, Septiembre de 2015, Tomo I	Pag. 240	Tesis Aislada(Constitucional)

VIOLACIONES A DERECHOS DE LA MUJER. CARACTERÍSTICAS QUE DEBEN COLMAR LAS MEDIDAS DE REPARACIÓN DEL DAÑO CUANDO AQUÉLLAS SE ACTUALICEN.

Una parte fundamental del método para juzgar con perspectiva de género la constituye la determinación de las reparaciones. Al respecto, destaca que las medidas de reparación deben contemplar no sólo la reparación integral del daño -esto es, el restablecimiento a la situación anterior y la eliminación de los efectos que la violación produjo, así como una indemnización como compensación por los daños causados-, sino que deben tener una vocación transformadora de dicha situación, de forma que tengan un efecto no sólo restitutivo, sino también correctivo y, por tanto, no es admisible una restitución a la misma situación estructural de violencia y discriminación. En este sentido, la naturaleza y monto de la reparación ordenada dependen del daño ocasionado en los planos tanto material como inmaterial. Atento a lo anterior, las medidas de reparación en casos de violaciones a derechos de la mujer deben: (I) referirse directamente a las violaciones declaradas por el órgano jurisdiccional respectivo; (II) reparar proporcionalmente los daños materiales e inmateriales; (III) no significar un enriquecimiento ni un empobrecimiento; (IV) restablecer en la medida de lo posible a las víctimas en la situación anterior a la violación en aquello en que no se interfiera con el deber de no discriminar; (V) orientarse a identificar y eliminar los factores causales de discriminación; (VI) adoptarse desde una perspectiva de género, tomando en cuenta los impactos diferenciados que la violencia causa en hombres y en mujeres; y, (VII) considerar todos los actos jurídicos y acciones alegadas por el Estado en el expediente tendientes a reparar el daño ocasionado.

VARIOS 1396/2011. 11 de mayo de 2015. Mayoría de ocho votos de los Ministros José Fernando Franco González Salas, Arturo Zaldívar Lelo de Larrea, quien reservó su derecho a formular voto concurrente, Jorge Mario Pardo Rebolledo, Juan N. Silva Meza, Eduardo Medina Mora I., Olga Sánchez Cordero de García Villegas,

Alberto Pérez Dayán y Luis María Aguilar Morales; votó en contra José Ramón Cossío Díaz. Ausentes: Alfredo Gutiérrez Ortiz Mena y Margarita Beatriz Luna Ramos. Ponente: Alberto Pérez Dayán. Secretario: Isidro E. Muñoz Acevedo.
El Tribunal Pleno, el siete de septiembre en curso, aprobó, con el número XIX/2015 (10a.), la tesis aislada que antecede. México, Distrito Federal, a siete de septiembre de dos mil quince.

La reparación del daño integral es de los mayores avances que se ha tenido para beneficiar a las mujeres y a las víctimas en general.

En los Principios Fundamentales de Justicia para las Víctimas del Delito y Abuso de poder, en el apartado relativo a *Acceso a la justicia y trato justo,* se estableció lo siguiente:

- Las víctimas serán tratadas con compasión y respeto por su dignidad. Tendrán derecho al acceso a los mecanismos de la justicia y a una pronta reparación del daño que hayan sufrido, según lo dispuesto en la legislación nacional.
- Se establecerá y reforzarán, cuando sea necesario, mecanismos judiciales y administrativos que permitan a las víctimas obtener reparación mediante procedimientos oficiales u oficiosos que sean expeditos, justos, poco costosos y accesibles. Se informará a las víctimas de sus derechos para obtener reparación mediante esos mecanismos.
- Evitando demoras innecesarias en la resolución de las causas y en la ejecución de los mandamientos o decretos que concedan indemnizaciones a las víctimas.
- Se utilizarán, cuando proceda, mecanismos oficiosos para la solución de controversias, incluidos la mediación, el arbitraje y

las prácticas de justicia consuetudinaria o autóctonas, a fin de facilitar la conciliación y la reparación en favor de las víctimas.

En México el Derecho al acceso a la Justicia está previsto en el artículo 17 Constitucional, estableció en dicho precepto, la obligación de crear los métodos institucionales suficientes para que cualquier persona que sienta que se le han agraviado sus derechos pueda acudir ante los tribunales con la seguridad de tener las garantías suficientes para la reparación de determinada violación (Carbonell, 2004)

En lo tocante al resarcimiento del daño se señaló:

Los delincuentes o los terceros responsables de su conducta resarcirán equitativamente, cuando proceda, a las víctimas, sus familiares o las personas a su cargo. Ese resarcimiento comprenderá la devolución de los bienes o el pago por los daños o pérdidas sufridos, el reembolso de los gastos realizados como consecuencia de la victimización, la prestación de servicios y la restitución de derechos. (Oficina del Alto Comisionado de las Naciones Unidas para los Derechos Humanos Declaración sobre los Principios Fundamentales de Justicia para las Víctimas de Delitos y del Abuso de Poder. Recuperado en *http://www2.ohchr.org/spanish/law/delitos.htm*

Sobre éste congreso se resalta que desde 1985 ya se establecía el hecho de que la reparación del daño debía de ser integral, que a la víctima se le debía resarcir, no solo el daño material, sino también daños y perjuicios, lo cual en nuestro país viene a legislarse casi treinta años después en la Ley General de Víctimas, que es donde se establece la reparación integral a la víctima.

Dicha legislación en el artículo 27 establece que la Reparación comprende lo siguiente:

"...**I.** La restitución busca devolver a la víctima a la situación anterior a la comisión del delito o a la violación de sus derechos humanos;

II. La rehabilitación busca facilitar a la víctima hacer frente a los efectos sufridos por causa del hecho punible o de las violaciones de derechos humanos;

III. La compensación ha de otorgarse a la víctima de forma apropiada y proporcional a la gravedad del hecho punible cometido o de la violación de derechos humanos sufrida y teniendo en cuenta las circunstancias de cada caso. Ésta se otorgará por todos los perjuicios, sufrimientos y pérdidas económicamente evaluables que sean consecuencia del delito o de la violación de derechos humanos;

IV. La satisfacción busca reconocer y restablecer la dignidad de las víctimas;

V. Las medidas de no repetición buscan que el hecho punible o la violación de derechos sufrida por la víctima no vuelva a ocurrir;

VI. Para los efectos de la presente Ley, la reparación colectiva se entenderá como un derecho del que son titulares los grupos, comunidades u organizaciones sociales que hayan sido afectadas por la violación de los derechos individuales de los miembros de los colectivos, o cuando el daño comporte un impacto colectivo. La restitución de los derechos afectados estará orientada a la reconstrucción del tejido social y cultural colectivo que reconozca la afectación en la capacidad institucional de garantizar el goce, la protección y la promoción de los derechos en las comunidades, grupos y pueblos afectados.

Las medidas colectivas que deberán implementarse tenderán al reconocimiento y dignificación de los sujetos colectivos victimizados; la reconstrucción del proyecto de vida colectivo, y el tejido social y cultural; la recuperación psicosocial de las poblaciones y grupos afectados y la promoción de la reconciliación y la cultura de la protección y promoción de los derechos humanos en las comunidades y colectivos afectados..."

De lo anterior se desprende que más allá de una reparación integral como cualquier víctima, se prevé una reparación aun mayor en tratándose de víctimas mujeres y se resalta el hecho de que las medidas reparadoras que señala la tesis en estudio, también son preventivas, pues tienden a evitar que el delito se vuelva a cometer.

Tesis: P. XVIII/2015 (10a.)	Gaceta del Semanario Judicial de la Federación	Décima Época	2010006 4 de 41
Pleno	Libro 22, Septiembre de 2015, Tomo I	Pag. 241	Tesis Aislada(Constitucional)

VIOLENCIA CONTRA LA MUJER. OBLIGACIONES POSITIVAS DE CARÁCTER ADJETIVO QUE DEBE CUMPLIR EL ESTADO MEXICANO.

La Corte Interamericana de Derechos Humanos ha establecido que la obligación de investigar las violaciones a los derechos humanos debe ser asumida por el Estado como un deber jurídico propio y no como una simple formalidad condenada de antemano a ser infructuosa, o como una mera gestión de intereses particulares, que dependa de la iniciativa procesal de las víctimas o de sus familiares, o de la aportación privada de elementos probatorios. En esa tesitura, por lo que hace a las investigaciones de los casos de violencia contra la mujer, resulta menester que: (I) la declaración de la víctima se realice en un ambiente cómodo y seguro, que le brinde privacidad y confianza; (II) dicha declaración se registre de forma que se evite o limite la necesidad de su repetición; (III) se brinde atención médica, sanitaria y psicológica a la víctima, tanto de emergencia como de forma continuada si así se requiere, mediante un protocolo de atención cuyo objetivo sea reducir las consecuencias de la violación; (IV) se realice inmediatamente un examen médico y psicológico completo y detallado por personal idóneo y capacitado, en lo posible del sexo que la víctima indique, ofreciéndole que sea acompañada por alguien de su confianza, si así lo desea; (V) se documenten y coordinen los actos investigativos y se maneje diligentemente la prueba, tomando muestras suficientes, realizando estudios para determinar la posible autoría del hecho, asegurando otras pruebas como la ropa de la víctima, la investigación inmediata del lugar de los hechos y garantizando la correcta cadena de custodia; y, (VI) se brinde a la víctima asistencia jurídica gratuita durante todas las etapas del proceso.

<u>VARIOS 1396/2011.</u> 11 de mayo de 2015. Mayoría de ocho votos de los Ministros José Fernando Franco González Salas, Arturo Zaldívar Lelo de Larrea, quien reservó su derecho a formular voto concurrente, Jorge Mario Pardo Rebolledo, Juan N. Silva Meza,

Eduardo Medina Mora I., Olga Sánchez Cordero de García Villegas, Alberto Pérez Dayán y Luis María Aguilar Morales; votó en contra José Ramón Cossío Díaz. Ausentes: Alfredo Gutiérrez Ortiz Mena y Margarita Beatriz Luna Ramos. Ponente: Alberto Pérez Dayán. Secretario: Isidro E. Muñoz Acevedo.

El Tribunal Pleno, el siete de septiembre en curso, aprobó, con el número XVIII/2015 (10a.), la tesis aislada que antecede. México, Distrito Federal, a siete de septiembre de dos mil quince.

Dentro de los derechos que tienen las mujeres víctimas de violencia es evitar la re victimización, por ello el Estado debe realizar diversas acciones afirmativas para respetar el derecho de la mujer víctima, puesto que el de la mujer a ser escuchada en los asuntos que le afectan, es un principio fundamental que necesariamente tiene que ser atendido en los procesos judiciales en que ésta haya sido víctima.

La participación de la mujer en un procedimiento judicial no se garantiza exclusivamente permitiendo la exposición de sus puntos de vista, sino que las instancias del Sistema Universal de Protección de los Derechos Humanos y documentos internacionales han establecido la necesidad de tomar una serie de medidas para garantizar la participación idónea de la mujer dentro del proceso, en el cual se le garanticen todos sus derechos.

De esta forma, el derecho de la mujer a participar en un procedimiento judicial trae consigo la necesidad de impulsar algunas adecuaciones procesales, las cuales deberán ser impulsadas tanto antes de que éste inicie como durante el desarrollo del mismo.

Dentro de las acciones que se deben realizar para hacer efectivos dichos derechos se encuentran los siguientes:

- Informar a la mujer sobre las etapas del juicio, lo que implica cada una de ellas, la importancia de su participación, lo que se espera de ella, en particular conocer su punto de vista sobre lo ocurrido.
- Garantizar que existan condiciones adecuadas para la participación diferenciada y especializada tratándose de delitos cometidos en agravio de las mujeres.
- Que la opinión de la mujer forme parte explicita del razonamiento de lo resuelto.
- En cualquier acción que lleve a cabo la autoridad debe considerar el impacto que aquella puede tener en los derechos humanos de la mujer.
- En el caso de que exista violación a los derechos de la mujer, las autoridades competentes del Estado, deben atender la situación concreta para la vigencia del derecho humano que se trate, actuando al extremo máximo de su competencia o bien dando vista a autoridad competente.
- Aplicar una lógica a favor de la mujer ante posibles medidas de protección. Ello implica privilegiar la protección por sobre la desprotección.

Tesis: 1a. CLXIV/2015 (10a.)	Gaceta del Semanario Judicial de la Federación	Décima Época	2009082 9 de 41
Primera Sala	Libro 18, Mayo de 2015, Tomo I	Pag. 423	Tesis Aislada(Constitucional)

DELITOS CONTRA LAS MUJERES. LAS AUTORIDADES ENCARGADAS DE SU INVESTIGACIÓN ESTÁN LLAMADAS A ACTUAR CON DETERMINACIÓN Y EFICACIA A FIN DE EVITAR LA IMPUNIDAD DE QUIENES LOS COMETEN.

La impunidad de los delitos contra las mujeres envía el mensaje de que la violencia contra la mujer es tolerada, lo que favorece su perpetuación y la aceptación social del fenómeno, el sentimiento y la sensación de inseguridad de las mujeres, así como una persistente desconfianza de éstas en la administración de justicia. Además, la inacción y la indiferencia estatal ante las denuncias de violencia de género reproducen la violencia que se pretende atacar e implica una discriminación en el derecho de acceso a la justicia. En sentido similar, la impunidad en este tipo de delitos provoca entre las mujeres un sentimiento de desamparo que repercute en un mayor nivel de vulnerabilidad frente a sus agresores; y en la sociedad, la convicción de que la muerte de las mujeres no tiene importancia, ni merece la atención de las autoridades, reforzando con ello la desigualdad y discriminación hacia las mujeres en nuestra sociedad. Es por ello que es particularmente importante que las autoridades encargadas de las investigaciones de actos de violencia contra las mujeres las lleven a cabo con determinación y eficacia, tomando en cuenta el deber de la sociedad de rechazar dicha violencia y las obligaciones estatales de erradicarla, y de brindar confianza a las víctimas de la misma en las instituciones estatales para su protección.

Amparo en revisión 554/2013. 25 de marzo de 2015. Cinco votos de los Ministros Arturo Zaldívar Lelo de Larrea, José Ramón Cossío Díaz, Jorge Mario Pardo Rebolledo, quien formuló voto concurrente, Olga Sánchez Cordero de García Villegas y Alfredo Gutiérrez Ortiz Mena. Ponente: Alfredo Gutiérrez Ortiz Mena. Secretaria: Karla I. Quintana Osuna.

La presente tesis deja de manifiesto el hecho de que la autoridad y por tanto el Estado, están obligados a realizar todas las acciones necesarias para evitar la impunidad en el caso de violencia contra las mujeres.

Una de las acciones que se han realizado para evitar dicha impunidad es legislar al respecto, pues en el Código Nacional de Procedimientos Penales, en el capítulo relativo a los Acuerdos Reparatorios, se señaló que el delito de violencia intrafamiliar no es susceptible de resolverse mediante dichos acuerdos, lo que ha sido considerado un avance, pues si consideramos que en la violencia intrafamiliar, estamos ante una situación dispar de poder, es claro que la víctima estaría en desventaja al aceptar un acuerdo, en virtud de ello se le protege y evita que ésta salida alterna se convierta en una salida fácil para el agresor.

5.- TEORÍAS SOBRE LA PREVENCIÓN Y LA VIOLENCIA CONTRA LA MUJER

La violencia contra la mujer es un fenómeno de alcances inimaginables y se muestra multifactorial tanto en su surgimiento y desarrollo como en sus consecuencias. Es de fundamental importancia abordar este tema ya que es uno de los problemas de mayor incidencia en la actualidad.

Al considerar que la violencia se da en todas las clases sociales y tiene diferentes formas de expresión en todas las culturas, en todos los países; que es además, un fenómeno aprendido en nuestro mundo social y encontramos sus raíces en variables que mutuamente se entretejen como las económicas, sociales, políticas y culturales.

De este modo, la violencia es un fenómeno social que ha gozado de aceptación en nuestra cultura y a pesar de que en los últimos tiempos estas conductas han sido condenadas, en nuestra sociedad todavía miles de mujeres sufren de manera permanente actos de maltrato físico, psicológico y sexual en su propio hogar.

La comprensión y el entendimiento de la violencia contra la mujer son fundamentales para poder detener el incremento del número de casos, así como para crear métodos preventivos para la población, que garanticen seguridad a sus vidas a nivel físico, mental y social.

Si consideramos que la Violencia es cualquier acto que resulte o pueda resultar en daño o sufrimiento físico, sexual o psicológico para el ser humano, incluyendo las amenazas de dichos actos, coerción y/o privaciones arbitrarias de la libertad, que ocurren ya sea en la vida pública o privada. "A un nivel psicológico, la violencia o la intolerancia, se expresa a través de individuos que necesitan afirmarse a sí mismos negando la existencia de otros, es una manera, en realidad, de escapar de un sentimiento profundo de impotencia" (Pestieau, 1992). La función de la violencia es mantener el control sobre el receptor y está dirigida a cada aspecto de la vida del mismo, de tal manera que se coarta su libertad en general.

Lo anterior nos deja que manifiesto que para el análisis de las políticas públicas y de prevención que se deben emplear para disminuir la Violencia contra las mujeres, en primer término se deben estudiar el origen de la violencia humana, cómo repercute dicha violencia sobre las mujeres y las teorías del derecho que auxilian para crear políticas públicas necesarias para disminuir dicha violencia, para lo cual en primer término se analizan las dos corrientes principales que se asemejan al tipo de violencia que se vive en nuestro país.

5.1 Teoría del Instinto

Abarca los enfoques instintivos, los que afirman que el comportamiento violento se debe a un instinto innato, que ha sido programado filogenéticamente y el cual busca su descarga.

Teoría que ha sido utilizada muchas veces como esquema de comportamiento clásico, es decir como un comportamiento heredado, propio de una especie que varía escasamente de una persona a otra y que responde a finalidades.

También incluye esta teoría los impulsos, que se refiere a un proceso dinámico que consiste como su nombre lo dice en impulsos, es decir carga energética, factor de movilidad, esta teoría sostiene que una pulsión tiene su origen en una excitación corporal, por el estado de tensión.

Freund dice que el fin de los impulsos es suprimir el estado de tensión que reina en la fuente pulsional y que gracias al objeto la pulsión puede alcanzar su fin, es decir la violencia es descargada hacia afuera.

La teoría de las pulsiones es dualista, Freund distingue entre pulsiones de vida y de muerte, las primeras abarcan las pulsiones sexuales propiamente dichas, así como también las de conservación., y las segundas, se dirigen primeramente hacia adentro y buscan autodestrucción, pero después se encaminan hacia el exterior y se manifiestan en forma agresiva o destructiva.

5.2 Teoría del Medio Ambiente

Este otro cuerpo de teoría agrupa a las conductivas, desde una posición completamente opuesta, juzga que el comportamiento del hombre es moldeado exclusivamente por la influencia del medio ambiente, es decir por factores sociales y culturales y su objetivo es producir esfuerzos necesarios para provocar el comportamiento deseado.

En esta teoría Fromme, hace una diferencia de la agresión benigna y la agresión maligna o destructiva. La primera es impulso genéricamente programado para atacar o huir, cuando se han amenazado intereses vitales, el cual se encuentra al servicio de la especie humana y cesa cuando termina la amenaza., y el segundo no está programado como el primero, no posee finalidad; sólo es propio del hombre.

Fromme rechaza las teorías instintivas como las conductivas, pues él establece que las teorías expuestas tanto en el numeral uno, como las incluidas en el numeral dos, excluyen al hombre de responsabilidad personal y la libertad personal, siempre el acto es decir la agresión (según estas teorías), depende de hechos exteriores al hombre y que los actores son marionetas movidos o por el instinto o por el acondicionamiento.

El hombre como ha sido demostrado por teorías de la antropología cultural, es un ser histórico que varía su comportamiento según las categorías de espacio y tiempo, lo anteriormente dicho, es necesario tomarlo muy en cuenta ya que es en definitiva el análisis de la investigación del hecho de Violencia Intrafamiliar.

Como se conoce que la Violencia contra la mujer es ocasionada por distintas causas que se interrelacionan, ha sido investigada por muchos países y todas las investigaciones se orientan a dar preeminencia a la relación que existe entre uno y otros factores.

La mayor parte de trabajos realizados sobre la Violencia contra la mujer han tenido como objetivo únicamente, indagar sobre el maltrato físico, pero las investigaciones han concentrado su atención en la conducta agresiva (en todo los aspectos), del hombre hacia la mujer, que casi siempre es la víctima. Dentro de estos aspectos tenemos los siguientes postulados:

MODELO PSIQUIATRICO

En este primer aspecto se hallan las indagaciones que atienden a las causas de la violencia ligadas a la persona sujeto agresor; como lo son: personalidad, enfermedades psíquicas, alcoholismo y drogadicción, en este primer aspecto un hombre que maltrata a su mujer o viceversa, está psíquicamente perturbado, en lo cual hay una conducta patológica.

Estas investigaciones han sido bastante criticadas, ya que al presentar al maltrato como una anormalidad psicológica, se oculta la verdadera magnitud del problema. Así como también, dentro de este modelo los investigadores incluyen las relaciones que existen entre el alcoholismo y la violencia, ya que el alcoholismo provoca consecuencias económica, sociales, que aceleran la desintegración familiar.

Como es conocido las dificultades del trabajo (incluso la pérdida del empleo), provocadas por la injerencia de alcohol, traen como consecuencias deudas, las discusiones por dinero y por ende el maltrato. El estado de embriaguez conduce a las personas a la pérdida de las inhibiciones y como resultado violencia incontrolable que tienen como víctimas generalmente la mujer, los niños y niñas, según esta tesis los efectos de la ebriedad se vinculan con los roles sexuales, por lo que es común escuchar en la familia expresiones como ¨El ebrio no sabe lo que hace¨ y por lo tanto no es responsable de su conducta. También esta tesis ha sido criticada, Tisminetzky, M. Frankel, D; afirman que la "Violencia existe con o sin alcoholismo, es posible que se constituya en síntoma de falta de adaptación del emigrante a la sociedad receptora, lo cual lo coloca en una situación semi marginal".

MODELO PSICO-SOCIAL

Aquí se incluyen diversos esquemas teóricos:

1. La agresión es el resultado de cierta interacción entre los cónyuges, son formas de comunicación que conduce a los estallidos de la violencia y la acción de uno corresponde a la reacción del otro. Los autores que estudian sobre este tema, hacen referencia a las actitudes de desprecio, agresión verbal e incluso sumisión, que constituyen conductas a provocar violencia, además el silencio, gestos, mímica, miradas desdeñosas, muecas burlonas, actitudes como interrumpir constantemente al otro, hablar más fuerte, hacer el papel del que no "entiende", cambiar de tema repentinamente, son recursos y técnicas de lucha que pueden llevar a las parejas a los estallidos del otro.

Autores como Goggett, Brenda y Pearl, sostienen que una serie de estos comportamientos, puede ser interpretada como un desafío a la dominación masculina, como una provocación a dicha autoridad

Esta teoría también ha sido muy discutida pues solo expresaría formas de rechazo a los deseos o autoridad del cónyuge.

Otro aspecto importante de considerar en este modelo psicosocial, es la actitud del masoquismo y del machismo. De acuerdo con algunas teorías psicológicas, el primero es una forma de defensa femenina mediante la cual a través de la provocación del sufrimiento y el dolor, se disminuyen los sentimientos de culpabilidad en la mujer e implica la necesidad de una "golpiza" de vez en cuando para mantener un equilibrio emocional; y el segundo, o sea el machismo afirma GISSI Jorge, es por una parte una situación social de dominio y privilegio del hombre sobre la mujer en diversos aspectos (económico, político, social, etc.); y por la otra los mitos de la superioridad del hombre en uno o más aspectos (biológico, sexual, intelectual, etc.)

La agresión es el resultado de la violencia que los protagonistas vivieron durante la infancia y la agresión, desplegada o sufrida en la relación conyugal. Se afirma que si un individuo aprende que la violencia constituye un comportamiento apropiado cuando se siente frustrado o irritado, entonces la agresión será un modo de adaptación al stress, concluyen los estudios de Gelles que la conducta violenta es aprendida socialmente, es decir adquirida bajo el influjo de concretas condiciones del medio ambiente.

Este esquema psicosocial, ofrece dos variantes: una se refiere al aprendizaje por el resultado y la otra, al aprendizaje por imitación.

Gwartney, Patricia, en una investigación que hizo sobre agresiones en la familia, detectó que el comportamiento agresivo puede ser aprendido en distintos ambientes sociales: relaciones con padres, amigos o compañeros, es decir, por experiencias personales; la escuela, que es el lugar donde se aprende a desarrollar tales géneros.

MODELO SOCIAL CULTURAL

Las investigaciones de este modelo nos dicen que la violencia es consecuencia de la estructura de la sociedad global, en este modelo se hallan dos orientaciones: la primera referida a la desigualdad sociocultural, de la cual puede distinguirse la que se manifiesta a través de la diferencia de género, tema del cual se hablo en el marco cultural, la segunda se vincula con las normas y con actitudes generales de violencia en el ámbito social.

En la primera orientación encontramos la "teoría de los recursos", según la cual el uso de la fuerza o su amenaza está relacionado con los recursos que posee una persona (medios económicos, inteligencia, saber, prestigio, respeto, autoridad). El uso de la fuerza sería entonces un recurso frente a la frustración. De acuerdo con esta tesis la familia es un sistema social dentro del cual el modo de dominación se funda en categorías de edad y sexo, hay entonces un sistema jerárquico donde el adulto hombre, tiene una posición mejor que el niño y la mujer, se produce la violencia cuando el esposo fracasa en la posición de las capacidades, sobre las cuales esta su status superior, como por ejemplo cuando no se puede cumplir con el rol de sostén de la familia. Es más, cuando la mujer dispone de recursos que sobrepasan, para no perder su situación dominante como cabeza de la familia, utiliza su último recurso la violencia, es decir los hombres se ponen violentos cuando no pueden mantener su posición de superioridad por otros medios.

En la segunda Orientación, la agresión se ve como una forma del ejercicio del poder, tiene lugar cuando dicho poder es cuestionado, en otras palabras la violencia se ejerce frente a todo comportamiento de resistencia de ese poder.

Tenemos entre otras posiciones la "feminista radical", la violencia del hombre hacia la mujer es característica de suposición en el patriarcado, fomentado muchas veces por las mismas mujeres.

Por otra parte, se afirma que el potencial de violencia no se manifiesta exclusivamente del hombre hacia la mujer, puede ser también, del fuerte al débil, de un hombre hacia otro, etc.; es decir, la sociedad tiene formas violentas que repercuten en cualquier relación humana.

La violencia estructural de la sociedad es para Freeman, M.: "el presupuesto de la violencia familiar, las condiciones alienantes de vida y de trabajo provocan en el individuo un sometimiento de frustración que no se puede descargar en el lugar de trabajo, entonces se vuelca en el hogar sobre los miembros de la familia".

Brenda Hogget, nos dice que la acumulación de la carga física y psíquica originada de las formas deficientes de trabajo, del transporte inadecuado y otras más, son todas circunstancias que potencian las agresiones en el seno de la familia y se desencadenan a través de muchos medios como el alcohol". En otra línea teórica se plantea la diferencia entre la familia y otros grupos íntimos, el tiempo, carácter expresivo de las relaciones que se producen en la familia, es lo que la distinguen de otros núcleos o grupos sociales. Michael Sebastián Honig, examina a la Violencia Intrafamiliar como acto social y a la vez individual".

En la mayoría de casos de Violencia contra la mujer el acto de la violencia en la familia constituye una tragedia de dominación pero se ve como normal e incluso cotidianamente.

Dobash, R; ha considerado que la violencia tiene su origen en numerosos factores de naturaleza estructural e interaccional: a) la socialización dentro de una subcultura de la violencia: b) las dificultades de logro de status social: c) la falta de sanciones efectivas; y d) la posición social de las mujeres.

Gioconda Batres, Presidenta de la Fundación Ser y Crecer, pionera en el tratamiento del incesto en Costa Rica y experta en el tema de la Violencia contra la mujer, en todo el mundo, junto con la psicóloga Cecilia Claramont en su libro de "La violencia contra la mujer en Costa Rica", dicen que la violencia contra las mujeres es el resultado de la forma en que los hombres y la mujeres se relacionan, asumiendo los primeros el poder y control y las segundas subordinándose, y uno de los puntos desde los cuales estudian es la invisibilidad del problema, en las políticas públicas, que el Estado tiene para con la población.

Reforzando esta ideología la teoría establecida por Johan Galtung quien establece que: *"si la gente pasa hambre cuando el hambre es objetivamente evitable, se comete violencia, sin importar que haya o no una relación clara sujeto-acción-objeto, como sucede en las relaciones económicas mundiales tal como están organizadas"*(Galtung, 2000)

La violencia cultural son los razonamientos, ideas, actitudes que promueven, legitiman y justifican la violencia en sus formas directas ó estructural, (Galtung, 2000), lo que ve a la violencia intrafamiliar como natural, derivada de la relación hombre-mujer; bajo el contexto del choque entre estos dos mundos, debe existir la violencia.

De igual forma, Silvia Arrom señala que el maltrato no se relacionaba con problemas como el alcoholismo o trabajo femenino, sino con la idea de que la autoridad del marido debía extenderse hasta el castigo físico de la esposa (Arrom, 1985). Tal situación se puede observar en la actualidad, dado que en nuestra sociedad, al ser la familia el núcleo básico e indispensable para el proyecto del desarrollo social, a las mujeres se les asignó el papel de cohesionadoras del núcleo familiar, socializadoras de los nuevos mexicanos y reproductoras de los valores necesarios para el desarrollo. Virtudes femeninas que se habían exaltado para el desarrollo, por lo que la conformidad, la sobriedad, el orden y la regularidad bajo la autoridad de un hombre fuerte fueron exaltadas. El pensamiento positivista participó directamente a través de los discursos en la construcción de las identidades femeninas y masculinas destinando a las mujeres las actividades de madres, esposas y educadoras dentro del hogar, planteando espacios de actividad y pasividad para hombres y mujeres. Considerando que las mujeres tenían sólo capacidad para realizar actividades "propias de su sexo", dejando a los varones los papeles activos; esto ha sido difundido en iglesias, en discursos legales, prensa, escuelas, medios de comunicación, etcétera. La abnegación y la sumisión se tornaron indispensables para ingresar al espacio de lo que la sociedad considera "buenas mujeres". Todo esto continuó estimulando la preeminencia de lo masculino sobre lo femenino y sirviendo como justificación para el maltrato del varón sobre mujeres dentro de la familia.

Una vez analizado el posible origen que tiene la violencia y como se infiere en contra de las mujeres, ahora se estudia la teoría de género para dar un mayor esclarecimiento sobre esta problemática de discriminación y violencia hacia las mujeres.

Los orígenes y posterior desarrollo de lo que hoy día se conoce como Estudios de Género están íntimamente ligados al propio movimiento feminista; en concreto, al resurgir del movimiento feminista en los años 60 y 70 del siglo XX, fundamentalmente en Estados Unidos e Inglaterra. Hasta tal punto que, en opinión de Esperanza Bosch y Victoria Ferrer:

> "los estudios de género son estudios feministas" (Bosch, 2002)

Esta relación entre ciencia y acción político-social tiene una serie de efectos. Por un lado, las diferencias en el seno del movimiento feminista se trasladan a la propia labor científica e investigadora. Por otro, se desarrolla una actividad científica con una marcada orientación política; comprometida, en mayor o menor medida, con la denuncia de la situación de las mujeres y los esfuerzos por propiciar cambios sociales.

Por ejemplo, la clásica divergencia entre feminismos de la igualdad y feminismos de la diferencia se traslada al ámbito científico, afectando a los conceptos y objetivos de investigación. Por una parte, el feminismo de la igualdad tiene como objetivo central la consecución de derechos por parte de las mujeres y alcanzar la igualdad. Según Rosa Cobo, el feminismo de la igualdad, partiendo del reconocimiento de la raíz sociocultural de las diferencias entre hombres y mujeres, se centra en el logro de una participación (en el espacio público y privado) y una redistribución (de los bienes sociales) igualitarias. (Cobo, 2000)

Por su parte, "el feminismo de la diferencia", (Álvarez, 2001) aún partiendo de un reconocimiento, casi generalizado, de la raíz sociocultural de las diferencias de género, defiende que "el modo de hacer justicia a las mujeres, a su juicio, es reconocer, no minimizar, las diferencias de género". (Cobo, 2000)

En palabras de Virginia Montañés y Mariano Aguirre, "para el feminismo de la diferencia, hombres y mujeres somos diferentes, y el objetivo, por tanto, no es ya la igualdad, que supondría la negación de esa constitución opuesta, sino la eliminación del sistema de opresión que se ha construido sobre esa distinción" (Montañés, 2000)

Se trataría de revalorizar la identidad de género femenina y las cualidades atribuidas a las mujeres, impidiendo que se conviertan en la base de un sistema de opresión y discriminación. En esta investigación se opta por una postura ecléctica. Se comparten aportaciones hechas desde el feminismo de la igualdad (especialmente la importancia dada al carácter sociocultural de las diferencias de género), pero también se consideran planteamientos lanzados desde el feminismo de la diferencia (reconocimiento de las diferencias entre hombres y mujeres; necesidades de cambios estructurales, más allá de la igualdad de derechos sin modificación de estructuras).

Este campo de estudio ha experimentado un importante desarrollo a lo largo de los últimos treinta años, pudiéndose hablar del logro de una institucionalización de los Estudios de Género. Así, están presentes en universidades de todo el mundo, en centros de investigación, comienzan a implantarse a nivel curricular, etc. "Lo que hoy día conocemos como Estudios de Género, ha ido recibiendo diferentes denominaciones, dejando atrás el de Estudios de la Mujer o Estudios sobre las Mujeres. Con estos cambios terminológicos, se ha reforzado la idea de que el objetivo no es, exclusivamente, atender a una parte de la población mundial que, hasta hace poco, era ignorada por el análisis científico, sino que, fundamentalmente, el objetivo es constituirse en un auténtico reto para las formas de conocimiento científico admitidas universalmente, los conceptos empleados e incluso lo que, hasta época reciente, se ha tenido por verdad incuestionable". (Bleier, 1984)

Desde los Estudios de Género, se viene calificando a gran parte de la tradición científica como androcéntrica, incapaz de comprender la realidad social compuesta por hombres y mujeres, y llena de los prejuicios y valores dominantes en la sociedad. "Se critica, así, a una actividad científica protagonizada por hombres, ciega a las diferencias de género, aparentemente neutral y que, a partir del análisis del modelo de comportamiento hegemónico (el masculino) pretende conocer la realidad social." (Maquieira, 2001)

Según Pierre Bordieu, no es sólo que el científico comparta los prejuicios y estereotipos de género predominantes en su sociedad, sino sobre todo que "enfrentado a una institución que se encuentra inscrita desde hace milenios en la objetividad de las estructuras sociales y en la subjetividad de las estructuras mentales, suele emplear como instrumentos de conocimiento categorías de percepción y pensamiento que debiera abordar como objetos de conocimiento" (Bordieu, 2000)

5.3 El sistema sexo-género (Teoría de Género)

En el desarrollo de los Estudios de Género, ha jugado un papel básico la distinción de dos conceptos: *sexo* y *género*. Rastreando el origen de esta distinción podemos remontarnos a Simone de Beauvoir quien, en 1949, ponía las bases de lo que posteriormente daría lugar a la idea de género, al afirmar que "una mujer no nace sino que se hace" (Beauvoir, 2000)

Esta autora defendía que aquellas características de las mujeres que podríamos considerar como *femeninas* no son fruto de la naturaleza, sino que son aprendidas a través de un complejo proceso individual y social. En los años 70 del siglo XX, las académicas feministas anglosajonas toman las propuestas lanzadas por Simone de Beauvoir y sistematizan el concepto de género, empleándolo "para referirse a la construcción sociocultural de los comportamientos, actitudes y sentimientos de hombres y mujeres". (Maquieira, 2001)

Con el término *sexo,* se hace referencia a la base biológica de las diferencias entre hombres y mujeres; es decir, diferencias hormonales, genitales y fenotípicas. Por su parte, el término *género* hace referencia "al conjunto de contenidos, o de significados, que cada sociedad atribuye a las diferencias sexuales". (González, 2001)

En definitiva, el género consiste en la "interpretación cultural del sexo, es decir, el conjunto de expectativas sociales depositadas sobre los roles a desempeñar por hombres y mujeres: lo que se espera de ambos". (Murillo, 2000: 14)

De esta forma, el género alude a los roles, identidades, actitudes, comportamientos, funciones, etc. que la sociedad adjudica a cada sexo. Esta construcción sociocultural sobre una base biológica se conoce con el nombre de *sistema sexo-género;* y se convierte en un elemento estructurante de toda sociedad.

La cuestión no es tan sencilla como pudiera ser la diferenciación de dos sexos que se corresponderían con dos géneros. Hay sociedades que contemplan la existencia de más de dos géneros, e incluso, podemos hablar de la existencia de más de dos sexos biológicos. Es más, el género puede entenderse, no ya como dos polos opuestos (hombre/mujer), sino como un continuo; de forma que sería posible "analizar el nivel de *masculinidad* o de *feminidad* en el auto concepto de un individuo a través de la identificación con características tradicionalmente consideradas masculinas o femeninas". (Annandale, 1990)

Asumiendo de esta forma, tal y como hace Jorge Corsi, "la disponibilidad potencial en cada ser humano, independientemente de su sexo biológico, de los rasgos atribuidos culturalmente a uno y otro género" (Corsi, 1999)

Precisamente, la aportación fundamental del concepto de género consiste en "resaltar la relación entre masculinidad y feminidad con los procesos de aprendizaje cultural y de socialización a los que cualquier individuo está sometido desde su nacimiento." (Bosch, 2001)

Es a través de esos procesos de socialización como las personas adoptan y asumen como propias las normas socialmente definidas para su sexo, llegándose a constituir en elementos definitorios de su propia identidad. El proceso concluye en la naturalización de las diferencias de género, quedando a salvo de ser cuestionadas, criticadas y, por supuesto, modificadas.

El reconocimiento de la base sociocultural de las diferencias de género tiene una consecuencia directa: cabe la posibilidad de que sean modificadas. Así, se señalan las diferencias en las definiciones de género que podemos encontrar si comparamos distintos momentos históricos o diferentes sociedades. Igualmente, tal y como destaca Marcela Lagarde, es posible "que una persona a lo largo de su vida modifique su cosmovisión de género simplemente al vivir, porque cambia la persona, porque cambia la sociedad y con ella pueden transformarse valores, normas y maneras de juzgar los hechos". (Lagarde, 1997)

Ahora bien, el sistema sexo-género no se limitan a relacionar cada sexo con diferentes características, valores, funciones, roles, etc., sino que convierte la diferencia en desigualdad. Es decir, no se produce una simple diferenciación de géneros, sino también una jerarquización de éstos y de sus distintos componentes; quedando las mujeres y los roles, funciones y caracteres a ellas asociados inferiorizados. En principio, la diferenciación de géneros no tendría por qué implicar, necesariamente, una estratificación; sin embargo, tal y como plantea Janet Saltzman, ambos procesos van unidos. (Saltzman, 1989)

Otro punto a destacar es que, a diferencia de lo que muchas veces se supone, debe aclararse que "la categoría de género es adecuada para analizar y comprender la condición femenina y la situación de las mujeres, y lo es también para analizar la condición masculina y la situación vital de los hombres. Es decir, el género permite comprender a cualquier sujeto social" (Lagarde, 1997)

O dicho de otra forma

"género hace referencia al género masculino y al género femenino. Género no es igual a mujer"(López, 2001)

y es que los hombres también tienen género.

Hoy día, el término género, con un origen íntimamente ligado a los movimientos feministas, es amplia y comúnmente empleado en diferentes ámbitos. Sin embargo, algunos autores están comenzando a cuestionar esta clara, y en cierta forma simplista, distinción entre sexo y género; en definitiva, entre naturaleza y cultura. Aún reconociendo el valor para la práctica política del desenmascaramiento del fundamento sociocultural de las definiciones y discriminaciones de género, empiezan a aparecer planteamientos más complejos, que pretenden tener en cuenta elementos socioculturales y biológicos; así como las mutuas interacciones que se dan entre ellos. Tal y como señala Carmen Magallón, "ahora pensamos que se necesita una mirada recursiva y relacional, un acercamiento menos dicotómico para lograr una mejor comprensión de las relaciones entre naturaleza y cultura" (Magallón, 2000)

Así, empieza a considerarse la posibilidad de integrar en el análisis elementos sociales y biológicos, criticando como insuficiente una explicación de las diferencias entre hombres y mujeres de base únicamente cultural, y rechazando un planteamiento basado en los postulados del determinismo biológico.

Por ejemplo, al considerar las relaciones existentes entre sexo y género, podemos analizar la base sociocultural de diferencias definidas como biológicas; como puede ser la acumulación de grasas en determinados puntos del cuerpo femenino, ligada a las formas de vida que tradicionalmente se les han adjudicado. También podríamos preguntarnos, como hace Teresa Montagut, (2000) "cuál ha sido la repercusión de la vida social en las estructuras de transmisión de los genes; en la actuación de la selección natural a lo largo de los siglos".

Es así como la teoría de género, se da como un avance o evolución del feminismo y tiene por objeto subrayar la diferencia social que se hace con base en el sexo, su influencia en la determinación de los roles sociales o culturales y descubrir el significado que la sexualidad tiene en un orden social o en los cambios que se presenten en el mismo; es decir se presenta como un movimiento macro cultural. (Pérez, 2002)

Por consiguiente, se entiende por género al: "conjunto de ideas, creencias, representaciones y atribuciones sociales construidas en cada cultura tomando como base la diferencia sexual, las cuáles se han traducido en desigualdades y marginaciones para la mayoría de las mujeres. Al término de género se le ha dado un uso equívoco, ya que se ha asociado con el estudio de aspectos relativos a las mujeres. Sin embargo, cabe señalar que el género afecta tanto a hombres como a mujeres" (CONMUJER, 1999).

Por otra parte, Robert Stoller menciona que el género, es una categoría social que parte del reconocimiento de la influencia real, concreta y material de la diferencia sexual en las estructuras sociales, así como en las relaciones de poder entre hombres y mujeres (INMUJERES, 2003). A partir de estas definiciones se debe de tomar en cuenta la perspectiva de género que cada persona tiene, ya que ésta va cambiando dependiendo del escenario en el que se encuentra. Por lo que, "la perspectiva de género tiene como uno de sus fines contribuir a la construcción subjetiva y social de una nueva configuración a partir de la re significación de la historia, la sociedad, la cultura y la política desde las mujeres y con las mujeres" (Lagarde, 1994)

El rol de género se forma al tener que asumir un conjunto de normas y valores que para la convivencia establece la sociedad y la cultura respecto de lo que ideológicamente corresponde al comportamiento masculino o femenino.

La dicotomía masculino-femenino, con sus variantes culturales (tipo el ying y el yang), establece estereotipos, las más de las veces rígidos, condicionan los papeles y limitan las potencialidades humanas de las personas al estimular o reprimir los comportamientos en función de su adecuación al género. (Lamas, 1996)

La Perspectiva de Género ha tenido dentro del desarrollo sociocultural una valiosa participación por su capacidad de movilizar a mujeres y hombres, instituciones y organismos de diversas clases, y por los frutos que ha producido. Asimismo, forma parte del bagaje de la cultura feminista que igualmente dio origen a las búsquedas masculinas para eliminar la opresión genérica, y constituye sin lugar a dudas la mayor aportación de las mujeres a la cultura (Cázes, 1999).

Es importante mencionar el enfoque aséptico de género que se ha creado en específico para las mujeres, donde se les da un encasillamiento sobre determinadas actividades, limitándolas desde el momento en que les son consignadas específicas tareas a realizar, por ejemplo hacemos alusión a lo que nos comenta Marcela Lagarde:

Los temas más socorridos se refieren a la relación de las mujeres con la protección del medio ambiente, la incorporación de las mujeres a algunos procesos de producción o comercialización para hacer algo con su pobreza, la atención de aspectos inconexos de la salud de ellas, el impulso a la atención de las mujeres víctimas de violencia, la inclusión de las mujeres en procesos participativos y de ciudadanización, la capacitación de mujeres en diversas habilidades, oficios y otros. (Lagarde, 1994)

Por ello, debemos mencionar la teoría de género como la principal herramienta para poder erradicar la problemática de la discriminación presente en el género femenino. Hacemos mención a Marta Lamas quién profundiza sobre la teoría de género: "es una aportación filosófica y política del movimiento feminista que muestra cómo el género moldea y desarrolla nuestra percepción de la vida en general y, en particular, pone en evidencia la valoración, el uso y las atribuciones diferenciadas que se da a los cuerpos de las mujeres y de los hombres" (Lamas, 1994).

Cabe señalar que la teoría de género ha tomado fuerza a nivel internacional debido a las aportaciones de los movimientos feministas en las sociedades, abarcando diferentes áreas. "Esta teoría se consolidó durante las últimas tres décadas del siglo XX desde diferentes vertientes: filosófica, política, sociológica y jurídica" (INMUJERES, 2003; 18a).

Asimismo, "la teoría de género reconoce que los comportamientos llamados femeninos y masculinos son construcciones sociales relacionadas con aspectos culturales a través de los cuales se definen los papeles y tareas a cada género, y no, como algunas personas afirman, características inherentes e inmodificables de la naturaleza". (Cazes, 2005)

La teoría de género permite analizar y comprender la condición femenina y las situaciones vitales de las mujeres, y también la condición masculina y las situaciones vitales de los hombres (Cázes, 1999). Por lo tanto, esta teoría tiene como objetivo principal buscar la equidad entre hombres y mujeres, y que tome una importancia dentro de los Estados así como a nivel internacional, en donde mantenga una condición jurídica que busque el bienestar de ambos géneros y no enaltezca a uno en específico. No busca la lucha entre el género femenino y el masculino; sino busca un equilibrio para que se pueda generar un desarrollo en las sociedades.

Por otra parte, las teorías contemporáneas de género proponen una interpretación histórica ya que consideran que el género es un "grupo biosociocultural, construido históricamente a partir de la definición de características sexuales que clasifican a los seres humanos corporalmente" (Lagarde, 1992). Por lo tanto, una vez que ya han sido clasificados se les asignan una serie de funciones, relaciones sociales y formas de comportamiento específica de seres sexuados. En sí, la teoría de género considera que "todas las características asignadas al sexo son aprendidas y que todo lo que es ser hombre o mujer es histórico" (Lagarde, 1992). El comportamiento de las personas depende del ambiente y del contexto en el que se desarrollen, por lo que existe una gran diferencia en las culturas de las sociedades con respecto al género.

Ahora bien, es necesario llevar a cabo ciertas medidas para poder lograr un avance sobre la equidad de género, tal es el caso de las políticas públicas. Estas constituyen un instrumento esencial para poder reducir la problemática sobre la inequidad de género.

Mercedes Barquet las define como: "el espacio que permite y reclama nuevas formas de participación social y nuevas vías de interlocución entre los poderes del Estado y las organizaciones civiles, interlocución que en ciertos casos se encuentra una vía de institucionalidad por medio de mecanismos formales" (Barquet, 1998).

Se debe señalar que las políticas públicas enfocadas hacia las mujeres han tenido una mayor importancia a partir del involucramiento de los organismos internacionales, por ejemplo:

En los años de 1961-1970 en la declaración de las Naciones Unidas de la Primera Década del Desarrollo no había una referencia explícita a las mujeres en el proceso de la institucionalización de las políticas públicas.

Posteriormente, en la segunda década se pone énfasis en su integración al esfuerzo del desarrollo; para la tercera década, son reconocidas como agentes y beneficiarias; y para los noventa la prioridad aparece en dar poder a las mujeres, como medio de obtener altos rendimientos en términos de un incremento de la producción total así como una equidad y un progreso social mayores (ONU citado en Barquet, 2000).

La intervención de los organismos internacionales fue uno de los logros importantes para la institucionalización de las políticas públicas enfocadas hacia el género femenino, ya que las mujeres se encontraban dentro de un rezago, que les impedía un desarrollo dentro de la sociedad. Por ejemplo, la participación de las mujeres en diversos ámbitos es importante para el desarrollo del país; esto lo podemos ver en los países desarrollados quienes presentan una mayor equidad de género en comparación con los países en vías de desarrollo. Tal es el caso de México, en donde Boserup comenta sobre las políticas públicas hacia las mujeres que: "apunta como la imposición de modelos, instituciones y prácticas de los colonizadores que perturbaron las organizaciones y arreglos originales, deteriorando progresivamente el estatus de la mujer en términos de pérdida de poder, propiedad e independencia" (Boserup, 1993)

Algunos de los temas que han entrado en debate dentro de las políticas públicas dirigidas hacia las mujeres en cuanto al desarrollo han sido, de acuerdo a Tickner (2000):

1) La importancia de la contribución de las mujeres y sus organizaciones para el desarrollo;
2) la propuesta de integrar a las mujeres en los programas públicos frente a la tendencia de mantenerlas como objeto de políticas por separado;
3) la importancia de la participación de las propias mujeres en todas las etapas de la creación, ejecución y evaluación de programas, proyectos y políticas;
4) la consideración de las repercusiones diferenciales que sobre hombres y mujeres pueden tener los programas de desarrollo por el sustrato inequitativo del que parten, y
5) la pertinencia de poner un énfasis específico compensatorio en las mujeres por medio de lo que hoy llamaríamos acciones afirmativas o de discriminación positiva

La Teoría de Género hace converger a otras teorías históricas y sociales que se activan en la cotidianidad con la Perspectiva de Género. Las políticas públicas y las acciones civiles diseñadas desde esta óptica benefician a las mujeres y contribuyen al desmantelamiento del patriarcado.

En conclusión, la teoría de género es la que expresa, que analiza, que muestra, lo que se llama dimensión de género y ella es la que ha dado origen a la categoría de género. La teoría de género es la que parte para sus estudios de un punto de vista histórico para explicar que la condición de hombre y mujer está previamente determinada por un orden ideológico o cultural. La teoría de género plantea que ésta es una construcción histórica sobre los cuerpos en torno a los cuales se crean órdenes sociales. La categoría de género se refiere específicamente, en un primer momento al aspecto biológico del sexo, es decir, es la que explica al género como el conjunto de características sexuales y biológicas atribuidas al hombre y a la mujer, que pueden ser de cuatro tipos, el genético, hormonal, genotípico y gonádico. Y es a partir de esta concepción que analiza la relación entre lo biológico y las características económicas, sociales, jurídicas, políticas, psicológicas y culturales que se asignan a hombres y mujeres en el contexto de la sexualidad, lo cual implica al sexo, pero como podemos observar, no se agota en él, es decir, la categoría permite construir un orden social a partir de la asignación de atribuciones o funciones a hombres y mujeres. (González, 1996)

Otro aspecto a considerar es la relación establecida entre el Estado y la ciudadanía; es decir ver la relación que se mantiene entre el Estado y el género femenino y el masculino. Por lo tanto, es necesario hablar de la importancia del Estado para que se pueda generar una equidad de género. El Estado es definido como: "la entidad jurídica política que se integra por la unidad de territorio, población, soberanía y gobierno que resulta de la afinidad en ordenamiento legal que identifica a un grupo de personas" (El Estado, 2005).

Puesto que el Estado está integrado por hombres y mujeres, ambos deben tener los mismos derechos y oportunidades. Sin embargo, a través de la historia se ha visto como las diferencias entre el género han sido muy marcadas. Los hombres han sido los principales representantes, quienes toman las decisiones y jurídicamente hablando son los que han tenido el poder, mostrando un dominio sobre las mujeres. No obstante, las mujeres como grupo, han sido consideradas como inferiores a los hombres, por lo que han luchado, primero por el derecho al voto y por una representación formal, después por el reconocimiento de todo un rango de asuntos relevantes en sus vidas y necesidades como mujeres y dentro de los asuntos políticos (Pietilä y Vickers, 1990).

Así las cosas, se puede decir que si una sociedad está estructurada bajo un orden jerárquico, esto lleva implícito que la manera en que está organizada, es haciendo diferenciación entre sus integrantes, en el caso que nos ocupa, la diferencia se da por el sexo; dicha diferenciación se da en la existencia o no, de ciertas características, lo que premeditadamente nos llevan a la idea de superioridad o inferioridad, elementos que están siempre presentes en relaciones de poder, y como consecuencia de éstas se desarrollan ideologías, actitudes, conductas, valores y desvalores excluyentes o discriminatorios, que en muchos casos se presentan como actos violentos.

Ahora bien, como veíamos, en la sociedad existen el "control social formal" y "control social informal", mecanismos que enseñan y refuerzan la diferenciación por sexo.

El control social formal, es aquel que regula la vida de las personas por medios de índole jurídica, o sea las leyes creadas por el Estado y que traen aparejado un medio de coerción. El control social informal es el que se da mediante reglas no escritas, que se dan en consenso social, por lo que la colectividad las asume como verdaderas y justas, son éstas reglas informales las que se aprenden y reproducen en la familia, escuela, medios de comunicación, etcétera. Y aun cuando la imposición de criterios de diferenciación por sexo empieza en el control social informal, al final se ven reflejados en el control formal.

Es de ahí que surge la obligación que se ha impuesto a los Estados, por los instrumentos internacionales señalados, para realizar las medidas necesarias para crear legislación que proteja a la mujer, instrumentos en los que se recomienda también tomar las medidas necesarias para eliminar los prejuicios, costumbres, estereotipos sociales y culturales que tiendan a discriminar y violentar a la mujer.

5.4 Teoría Funcionalista Estructural

John Rawls señala que el objeto primario de la justicia es la estructura básica de la sociedad, o sea, el modo en que las grandes instituciones sociales distribuyen los derechos y deberes fundamentales y determinan la división de las ventajas provenientes de la cooperación social.

Por lo que cada persona debe tener un derecho igual al esquema más extenso de libertades básicas que sea compatible con un esquema semejante de libertades para los demás.

En consecuencia el sistema social ha de estructurarse de tal manera que la distribución resultante sea justa. Para ello, es necesario establecer una política adecuada e instituciones legales que establezca un proceso económico y social. Esto significa que el orden social deberá ofrecer iguales oportunidades de enseñanza y cultura a personas similarmente capacitadas, también reforzará y subrayará la igualdad de oportunidades en las actividades económicas y en la libre elección de ocupación.

Por tanto en la política pública debemos aspirar a mejorar el bienestar de la persona que se encuentra en la peor situación dentro de la sociedad

Puesto que la justicia debe ser la primera virtud de las instituciones sociales, como la verdad lo es de los sistemas de pensamiento, por lo que una teoría por más atractiva, elocuente y concisa que sea, tiene que ser rechazada o revisada si no es verdadera; de igual modo, no importa que las leyes e instituciones estén ordenadas y sean eficientes: si son injustas han de ser reformadas o abolidas. De ahí entonces, que en Jalisco se ha tratado de desterrar de la sociedad la violencia contra las mujeres, buscando para ellas su empoderamiento hasta lograr la igualdad de géneros. Empero aun cuando las leyes anteriormente reseñadas, establecen las acciones a realizar para buscar la prevención, atención y erradicación de dicha violencia, también lo es, que éstas no se aplican, por lo que dicha legislación no está siendo eficiente.

Y si Rawls define que la justicia formal consiste en la aplicación imparcial y coherente de las leyes y de las reglas de las instituciones, que sucede con las autoridades jaliscienses encargadas de la aplicación de dichas legislaciones, las cuales al no realizar los programas de prevención necesarios para realizar el cambio social y cultural que conlleve se deje de lado los roles establecidos, contribuyen a que el género femenino siga siendo violentado, por tanto no existe pues la aplicación imparcial y coherente de las leyes.

En la Teoría Funcionalista Estructural, se considera que la sociedad es la totalidad, y que debe existir un equilibrio en los medios para que se logre una estabilidad social. Al estar frente a un problema social, como lo es la Violencia contra la mujer, la sociedad cuenta con los mecanismos para regular éste conflicto y una de las maneras de regularlo es mediante la prevención.

5.5 Teoría del Conflicto

Según lo señala Nicolas Luhmann, la función específica del Derecho es hacer uso de las perspectivas en conflicto para construir expectativas normativas congruentes, por lo que al analizar la Violencia contra las mujeres y los programas que se han realizado en el estado para prevenirla, se puede detectar el porqué no han funcionado y así realizar las modificaciones necesarias a las legislaciones, que es la forma como el Derecho Moderno opera.

Cabe destacar además, la importancia dada en la legislación sobre violencia contra la mujer en el tema de las políticas públicas, reconociéndose que sin la formulación e implementación de tales políticas que acompañen a las medidas legislativas, es difícil garantizar el éxito. Sin embargo, aunque en la legislación estatal se precisa que deben seguirse políticas públicas orientadas a la prevención, lo cierto es que no se aplican, por lo que aún cuando la consignación de políticas públicas como parte de los textos legislativos pudiera entenderse como una expresión de la voluntad de los gobiernos para enfrentar este problema, ¿qué ocurre en la realidad?

Si no existen procedimientos ágiles y de respuestas concretas en el momento de las agresiones, el derecho será muy difícil que ayude en la prevención y atención eficaz del problema.

Lo acontecido realmente es prueba de que en la práctica, no existe protección ni garantías adecuadas para las mujeres víctimas, menos aun políticas tendentes a la prevención, y que las Leyes en sí mismas, aunque constituyen un recurso importante, no ofrecen solución a este complejo problema de múltiples aristas; por lo que deberá existir un cambio de mentalidades que desnaturalice la violencia en las familias.

6.- INVESTIGACIÓN DE CAMPO DE LA VIOLENCIA CONTRA LA MUJER EN JALISCO

La problemática que presenta el estudio del fenómeno delictivo se debe en gran medida a débil información confiable derivada de la no denuncia del ilícito y a la deficiente integración de registros oficiales, lo que ha propiciado la carencia de análisis cuantitativos que reflejen la verdadera magnitud del delito.

Medir la violencia contra la mujer es una tarea compleja, los datos disponibles en la Procuraduría de Justicia, Comisión Estatal de Derechos Humanos, Instituto de las Mujeres, Instituto Nacional de Estadística, Geografía e Informática, entre otras, subestiman los niveles del fenómeno de la violencia, ya que no hay un sistema de cuantificación uniforme, sea jurídica ó psicológica, que pueda ser sistematizado al momento de su denuncia. No existe coordinación entre dependencias para conocer la cifra real, pues de manera aislada cada una de las instituciones recaba e interpreta sus estadísticas.

Al considerar que un fenómeno que no se mide, no se conoce, y, por ende, no puede resolverse. Más aun al tratarse de la violencia contra la mujer, la cual es un fenómeno complicado pues regularmente ocurre, en el "ámbito privado" pues se da en la familia, donde culturalmente se considera que "los problemas de casa se resuelven en casa". Una fuente primordial de información para conocer este fenómeno proviene de los registros oficiales. Pero la información oficial, si bien es importante, es insuficiente, cuando no parcial.

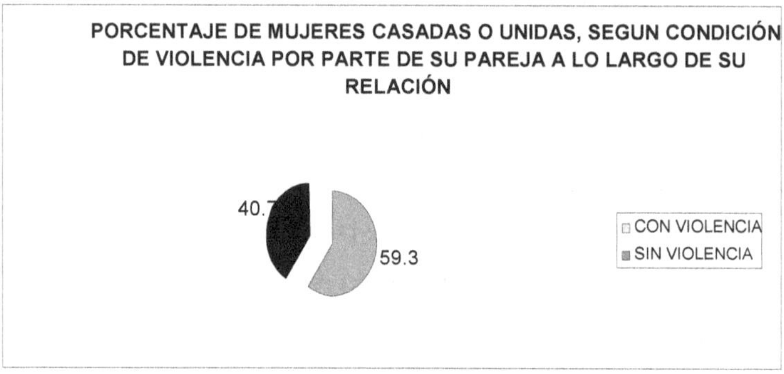

Fuente: Encuesta Nacional sobre la Dinámica de las Relaciones en los Hogares. Jalisco. 2006. INEGI.

La ENDIREH 2006 investigó sobre la violencia que sufren las mujeres en esta entidad por parte de la pareja ya sea a lo largo de su relación y en los últimos 12 meses previos a la entrevista, recabando una muestra de 1 379 307 mujeres casadas o unidas de 15 y más años.

Al referir la violencia a lo largo de su relación se tiene que de cada 100 mujeres, 59 dicen haber vivido eventos violentos por parte de su pareja; esta proporción es superior al promedio nacional que indica 47 de cada 100 mujeres agredidas por su pareja. Al relacionar dichas cifras aproximadamente 700,000 de las mujeres entrevistadas fueron violentadas en el 2006, cuando en la procuraduría estatal se recibieron alrededor de 2000 denuncias. Dejándonos de manifiesto la cantidad de mujeres violentadas en el Estado y la enorme cifra negra que existe por dicho delito.

ESTADO CIVIL DE LAS MUJERES ATENDIDAS EN EL INSTITUTO JALISCIENSE DE LAS MUJERES

Estado Civil	2007	2008	2009
Soltera	402	543	692
Casada	1832	2192	2273
Unión Libre	351	522	552
Con pareja, en domicilios diferentes	0	0	1
Separada	556	760	582
Viuda	20	51	96
Divorciada	123	159	141
Otro	0	0	0
No Especificado	16	15	101
	3300	**4242**	**4438**

Fuente: Instituto Jalisciense de las Mujeres vía portal de transparencia INFOMEX.

La mujer es violentada estando casada, divorciada, en concubinato y como se ha visto a últimos tiempos, de manera preocupante, hay gran cantidad de mujeres que son violentadas desde el noviazgo.

La proporción de mujeres maltratadas a lo largo de su relación, en Jalisco es una de las más altas, lo que lo ubica en segundo lugar a nivel nacional.

PORCENTAJE DE MUJERES QUE HAN SIDO VIOLENTADAS FISICA O SEXUALMENTE, SEGUN HAYAN O NO DENUNCIADO LA AGRESIÓN

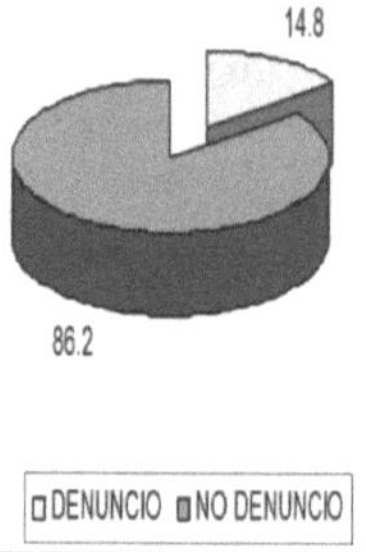

Fuente: Encuesta Nacional sobre la Dinámica de las Relaciones en los Hogares. Jalisco. 2006. INEGI.

El hecho de que con frecuencia los actos de violencia sean considerados como situaciones normales por las mujeres que los padecen, contribuye a su invisibilidad y permite que los agresores no sean castigados. Paralelamente las mismas mujeres violentadas tienen dificultad para identificar hechos agresivos en su contra, pues por la construcción cultural de su género tienden a pensar que efectivamente son merecedoras de las agresiones recibidas. (ENDIREH, 2007). Por lo que decisión de denunciar es muy difícil de tomar. Según la ENDIREH 2006, en México, de las mujeres casadas o unidas que declararon padecer agresiones físicas o sexuales por parte de su pareja, sólo 14.8% denunciaron los hechos ante alguna autoridad.

Lamentablemente las mujeres que toman la determinación de denunciar ante la autoridad la violencia que sufren por parte de su pareja son generalmente las que sufren violencia física o sexual, ya que la violencia psicológica o emocional por no dejar huellas físicas visibles, y el económico, por la ausencia de una legislación que proteja el patrimonio de las mujeres cuando no son independientes, son poco probables de ser denunciados ante autoridades y acreditados por las mismas. (ENDIREH, 2007)

DENUNCIAS RECIBIDAS POR AÑO EN JALISCO POR EL DELITO DE VIOLENCIA INTRAFAMILIAR CONTRA MUJERES

2002	2003	2004	2005	2006	2007	2008	TOTAL
S.D	S.D	1399	1460	2027	3174	2097	10157

Fuente: Procuraduría General de Justicia del Estado de Jalisco por medio del portal de Transparencia. INFOMEX

En la Procuraduría de justicia del Estado, no se lleva una estadística dependiendo del tipo de violencia por el que es cada una de las denuncias, sino que su medición es generalizada, no pudiendo establecer qué tipo de violencia es el que más prevalece en el estado o por lo menos cual es el que más se denuncia, imposibilitando así su estudio y prevención.

CASOS ATENDIDOS EN EL DIF JALISCO POR EL DELITO DE VIOLENCIA INTRAFAMILIAR CONTRA MUJERES

2005	2006	2007	2008
184	258	538	510

Fuente: DIF Jalisco por medio del portal de Transparencia INFOMEX.

QUEJAS RECIBIDAS POR AÑO EN LA COMISION ESTATAL DE DERECHOS HUMANOS POR EL DELITO DE VIOLENCIA INTRAFAMILIAR CONTRA MUJERES

1998	1999	2000	2001	2002	2003	2004	2005	2006	2007	2008	2009
68	182	370	565	309	398	407	309	278	484	394	68

Fuente: Comisión Estatal de Derechos Humanos. Hasta febrero 2009.

De las cifras proporcionadas por el DIF Jalisco y la Comisión Estatal de Derechos Humanos, se desconoce si la atención consistió sólo en información, orientación, la derivaron a alguna otra institución o incluso la canalizaron para que presentara su denuncia. Ya que aunado a que estas dependencias no lo señalan, tampoco la Procuraduría señala la procedencia de las denunciantes.

6.1 Violencia y sus Formas

Las manifestaciones de violencia dentro de la pareja no se reducen únicamente a los golpes, sino que comprenden toda una gama de actos psicológicos, físicos y sexualmente coercitivos, así como la explotación y el abuso económico practicados contra las mujeres por su pareja actual o anterior, todos sin el consentimiento de la mujer, por lo que las agresiones hacia las mujeres por parte de su pareja, suelen agruparse en: emocionales, económicas, físicas y sexuales. Cada uno de estos hechos encierra particularidades y características que los hacen importantes, sin embargo, cada uno depende del grado de tolerancia o de percepción por parte de las mujeres y la frecuencia con que estos actos se presentan.

NUMERO DE CASOS ATENDIDOS DIFERENCIANDO TIPO DE VIOLENCIA

TIPO DE VIOLENCIA	2005	2006	2007	2008
FISICA	178	208	450	505
PSICOLOGICA	175	264	287	429
EMOCIONAL	28	64	94	318
SEXUAL	22	3	525	88

Fuente: DIF Jalisco por medio del portal de Transparencia INFOMEX.

CASOS ATENDIDOS EN EL INSTITUTO JALISICENSE DE LAS MUJERES SEGÚN TIPO DE VIOLENCIA

Tipos de Violencia	2007	2008	2009

Psicológica	2699	3085	3651
Física	1234	1752	1863
Patrimonial	4	497	372
Económica	1568	1510	2040
Sexual	159	477	474

Fuente: Instituto Jalisciense de las Mujeres por medio del portal de Transparencia INFOMEX. Enero 2010

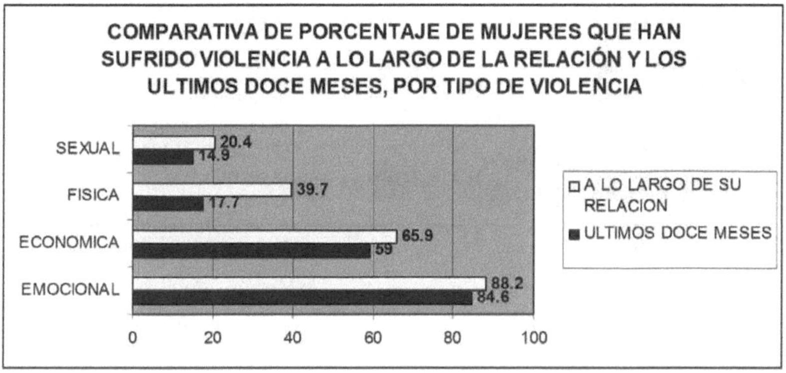

Fuente: Encuesta Nacional sobre la Dinámica de las Relaciones en los Hogares. Jalisco. 2006. INEGI.

Según la ENDIRHE la violencia emocional es la que tiene mayor presencia durante la relación y en el último año, violencia que padecen el 84.6% de las mujeres con violencia de pareja. Le sigue la violencia económica y física, la cual han sufrido 65.9% y 39.7%, respectivamente, las mujeres inmersas en una relación, la violencia sexual es la menos común con 20.4% de las mujeres violentadas dicen haberlas sufrido a lo largo de su relación, pero no por ser la menos común es la menos preocupante, pues en ésta se está violentando constantemente la libertad sexual de las mujeres y es grave que aun con las campañas que se han erradicado para terminar con la violencia sexual, en el ultimo año 14.9% fueron víctimas de este tipo de violencia por parte de su pareja.

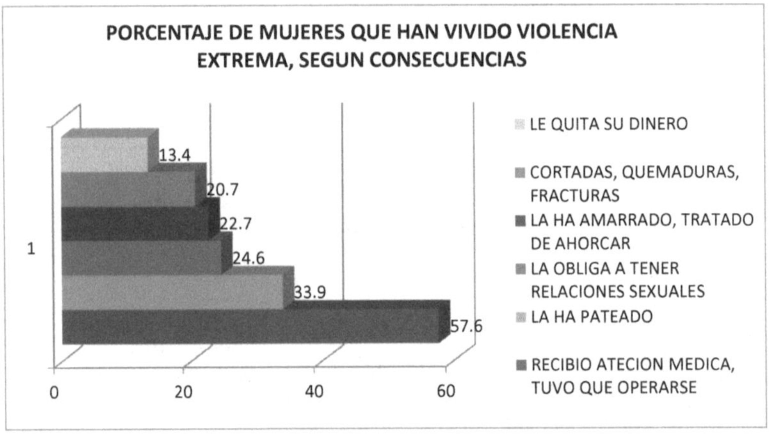

En Jalisco son 228 081 las mujeres casadas o unidas entrevistadas que a lo largo de su relación han sufrido violencia de extrema gravedad; de ellas 57.6% han requerido de atención médica e incluso han tenido que operarse para superar los daños ocasionados por las agresiones; 33.9% han sido pateadas por su esposo o pareja; a 22.7% de ellas las han amarrado, tratado de ahorcar o asfixiar, atacado con cuchillo o navaja o les han disparado con un arma; un menor porcentaje de 13.4 lo constituyen las mujeres a las que su pareja les ha quitado dinero o se ha adueñado de bienes como terrenos, joyas, etcétera.

6.2 Diagnostico Geopolítico del Delito de Violencia Contra la Mujer

Como ya se analizo, el que la mujer viva en la zona urbana o zona rural no es un detonante para que sea mayor o menormente violentada, tal y como dejan de manifiesto las siguientes estadísticas:

DENUNCIAS RECIBIDAS POR AÑO EN LA ZONA METROPOLITANA DE JALISCO POR EL DELITO DE VIOLENCIA INTRAFAMILIAR CONTRA MUJERES

2002	2003	2004	2005	2006	2007	2008	TOTAL
S.D	S.D	1343	1386	1756	2432	1874	8791

Fuente: Procuraduría General de Justicia del Estado de Jalisco por medio del portal de Transparencia.

DENUNCIAS RECIBIDAS POR AÑO EN LAS DELEGACIONES DEL ESTADO DE JALISCO POR EL DELITO DE VIOLENCIA INTRAFAMILIAR CONTRA MUJERES

2002	2003	2004	2005	2006	2007	2008	TOTAL
S.D	S.D	56	74	271	742	223	1366

Fuente: Procuraduría General de Justicia del Estado de Jalisco por medio del portal de Transparencia INFOMEX.

CASOS ATENDIDOS EN EL DIF JALISCO POR MUNICIPIO POR EL DELITO DE VIOLENCIA INTRAFAMILIAR CONTRA MUJERES

MUNICIPIO	2005	2006	2007	2008
GUADALAJARA	88	130	248	245
TLAQUEPAQUE	39	65	64	97
ZAPOPAN	28	37	106	64
TONALA	16	16	49	61
TLAJOMULCO	7	5	22	24
EL SALTO	3	3	15	12
VARIOS	3	2	34	10

Fuente: DIF Jalisco por medio del portal de Transparencia INFOMEX.

VIOLENCIA DE PAREJA POR REGIÓN	
REGIÓN	PORCENTAJE
1 - Norte	14.4
2 - Altos Norte	22.9
3 - Altos Sur	24.7
4 - Ciénaga	18.9
5 - Sureste	19.4
6 - Sur	17.2
7 - Sierra de Amula	21.6
8 - Costa Sur	30.0
9 - Costa Norte	21.2
10 - Sierra Occidental	23.3
11 - Valles	32.6
12 - Centro	28.6

Fuente: Diagnostico de Violencia en Jalisco 2008. Instituto Jalisciense de las Mujeres.

MUJERES ATENDIDAS POR MUNICIPIO EN ZONA METROPOLITANA EN EL INSTITUTO JALISCIENSE DE LAS MUJERES

Municipio	Año 2007	Año 2008	Año 2009
El Salto	132	134	139
Guadalajara	1388	1535	992
Tlajomulco de Zúñiga	222	273	276
Tlaquepaque	532	781	525
Tonalá	248	298	266
Zapopan	709	826	701
Otro	69	248	22
No Especificado	0	147	187
Total	**3300**	**4242**	**3108**

Fuente: Datos obtenidos del Instituto Jalisciense de las Mujeres, vía INFOMEX. Enero 2010

MUNICIPIOS CON MAYOR NÚMERO DE REPORTES DE VIOLENCIA CONTRA LA MUJER EN EL INSTITUTO JALISCIENSE DE LAS MUJERES

Acatic	**97**
Atemajac de Brizuela	**22**
Autlán de Navarro	**14**
Bolaños	**81**
Zapotlán el Grande	**16**
Colotlán	**394**
Chapala	**196**
Degollado	**28**
El Grullo	**24**
Huejúcar	**11**
Ixtlahuacán de los Membrillos	**11**
Jesús María	**13**
Jocotepec	**17**
Mezquitic	**18**
Ojuelos de Jalisco	**12**
Poncitlán	**11**
Puerto Vallarta	**9**
San Diego de Alejandría	**21**
San Julián	**48**
San Martín Hidalgo	**29**
Santa María de los Ángeles	**57**
Teocaltiche	**10**
Tizapán el Alto	**9**
Totatiche	**10**
San Gabriel	**13**
Villa Guerrero	**23**
Yahualica de González Gallo	**15**

Fuente: Datos obtenidos del Instituto Jalisciense de las Mujeres, vía INFOMEX. Enero 2010

Como se puede analizar en las graficas que anteceden, las mujeres residentes de las ciudades son más afectadas que las residentes de zonas suburbanas o rurales, encontrándose como factores explicativos el bajo ingreso económico familiar en parejas de jóvenes. (Goldenberg, 1989)

Por otra parte, puede pensarse en la posibilidad de un subregistro en la Zona Rural de nuestro estudio, debido al temor de la declaración de la violencia por parte de la mujer, ya que las mujeres en muchos casos son objeto de represalias cuando declaran ser agredidas físicamente, presentándose episodios de violencia más dañinos (Young, 1991). Otra posibilidad es que culturalmente se acepte la violencia como algo "natural" e incluso se justifique como necesaria (Sullivan, 1991), considerándose inexistente la violencia cuando de hecho se da.

6.2.1 Violencia contra la Mujer en el Municipio de Tlaquepaque.

REPORTES TLAQUEPAQUE 2007	
Enero	0
Febrero	0
Marzo	50
Abril	146
Mayo	51
Junio	5
Julio	91
Agosto	122
Septiembre	90
Octubre	23
Noviembre	39
Diciembre	61
Total	**678**

REPORTES TLAQUEPAQUE 2008	
Enero	21
Febrero	7
Marzo	5
Abril	10
Mayo	13
Junio	5
Julio	29
Agosto	13
Septiembre	12
Octubre	7
Noviembre	1
Diciembre	6
Total	**129**

Fuente: Ayuntamiento de Tlaquepaque vía portal de Transparencia INFOMEX. Enero 2010

CASOS DE VIOLENCIA CONTRA LA MUJER ATENDIDOS POR TRABAJO SOCIAL DE TLAQUEPAQUE

2007	2008	2009
655	529	535

Fuente: Ayuntamiento de Tlaquepaque vía portal de Transparencia INFOMEX. Enero 2010

MUJERES QUE HABITAN EN TLAQUEPAQUE ATENDIDAS EN EL INSTITUTO JALISCIENSE DE LAS MUJERES

Municipio	Año 2007	Año 2008	Año 2009
Tlaquepaque	532	781	525

Fuente: Instituto Jalisciense de las Mujeres, vía portal transparencia INFOMEX. Enero 2010

Como se puede observar existe una disparidad entre los casos de Violencia contra la mujer que han sido atendidos por personal del Ayuntamiento de Tlaquepaque en comparación con las mujeres que han acudido a recibir atención al Instituto Jalisciense de las Mujeres. Y es ahí donde radica el problema de que no exista una base de datos única de mujeres víctimas de violencia en el estado, puesto que si cada una de las dependencias cuenta con sus estadísticas, es imposible saber, si las mujeres que acudieron con personal de Trabajo social en su municipio con posterioridad acudieron al Instituto de las Mujeres, lo que puede conllevar al subregistro de casos.

6.2.2 Violencia Contra la Mujer en el Municipio de Tonalá.

Número de reportes recibido por la Policía de Tonalá

Violencia contra la mujer, según colonia, 2009.

COLONIA	N. Reportes
Centro	7
Loma Dorada	7
San Gaspar	7
Pinar de las Palomas	1
Rosario	2
20 de Noviembre	3
Coyula	1
Jalisco	5
Basilio Vadillo	4
Santa Cruz	3
Xoltl	4
Zalatitan	5
La Soledad	1
Camichines	1
Santa Paula	8
Cd. Aztlan	2
El Zapote	2
Flores Magon	1
Potrero San José	1
Loma Bonita	2
Guadalupana	1
Hortaliza	2
Bosque Tonalá	2
San Elías	3
Fidel Velázquez	1
Amiales	1

Fuente: Ayuntamiento de Tonalá vía portal de transparencia INFOMEX. Enero 2010

MUJERES QUE HABITAN EN TONALÁ ATENDIDAS EN EL INSTITUTO JALISCIENSE DE LAS MUJERES

Municipio	Año 2007	Año 2008	Año 2009
Tonalá	248	298	266

Fuente: Instituto Jalisciense de las Mujeres vía portal transparencia INFOMEX. Enero 2010

De igual forma existe diferencia entre los números reportados por el Ayuntamiento y por el Instituto de las Mujeres.

RESULTADO DE LAS DETENCIONES DE LA POLICÍA DE TONALÁ QUE SE HAN LLEVADO ANTE EL MINISTERIO PÚBLICO

Año	Denuncias	Acta Hechos
2005	1	0
2006	0	0
2007	4	0
2008	3	0
2009	7	5

Fuente: Ayuntamiento de Tonalá vía portal de transparencia INFOMEX. Enero 2010

Tal y como lo ha reportado el Ayuntamiento de Tonalá, se puede observar que de las detenciones que han realizado muy pocas se ven reflejadas en una Averiguación Previa y es todavía de mayor preocupación el que en tiempos recientes se le dé a los asuntos de violencia contra la mujer, el trato de simples actas de hechos, lo que conlleva que el acto denunciado no va a ser investigado a fondo y se deja solamente como antecedente de la violencia, lo que violenta aún más al género femenino.

6.3 Mujeres Trabajadoras y Golpeadas

También cultural es el hecho de que el género masculino ha sido identificado socialmente como el proveedor, por lo tanto era quien tenía el poder dentro del ámbito familiar al ser quien proveía a los demás de lo necesario para vivir, y al existir en la zona metropolitana mayor cantidad de mujeres que contribuyen al gasto familiar, esto deteriora la percepción que el hombre tiene sobre sí mismo, al ya no ser él quien cubre los gastos de la casa y para sentir que sigue teniendo el control sobre la mujer, la única manera que tiene es agrediéndola ya sea física, psicológica, sexual o económicamente. Tal y como se observa en las siguientes estadísticas:

PORCENTAJES DE VIOLENCIA DE PAREJA POR MONTO DE INGRESOS (PESOS POR MES)	
Ingresos	**Porcentaje**
Menos de 1000 pesos	16.0
De 1000 a 4999 pesos	39.0
De 5000 a 9999	28.0
Más de 10000	31.4

Fuente: Diagnostico de Violencia en Jalisco 2008. Instituto Jalisciense de las Mujeres.

PORCENTAJES DE VIOLENCIA DE PAREJA POR CONDICIÓN DE TRABAJO	
Condición de Trabajo	**Porcentaje**
Si Trabaja	28.4
No Trabaja	24.8

Fuente: Diagnostico de Violencia en Jalisco 2008. Instituto Jalisciense de las Mujeres.

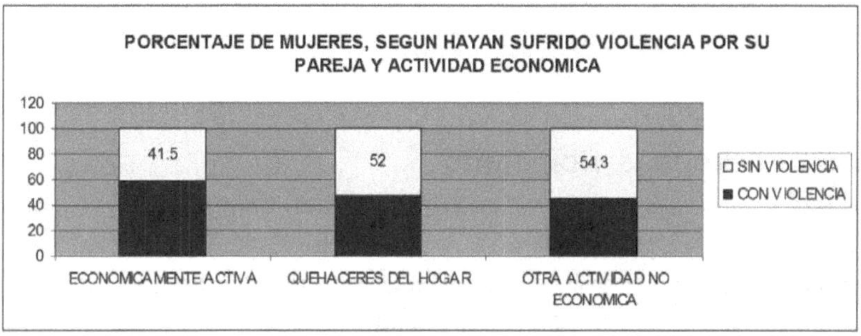

Fuente: Encuesta Nacional sobre la Dinámica de las Relaciones en los Hogares. Jalisco. 2006. INEGI.

Ocupación	2007	2008	2009
Hogar	1373	1607	149
Estudiante	60	94	272
Empleada	1082	1467	1669
Jornalera	0	0	0
Servicio Doméstico	46	16	1841
Comercio Informal	17	17	0
Comerciante	300	331	0
Profesionista	129	208	0
Obrera	8	6	0
Otro	0	27	139
Servidor Público	140	114	0
Desempleada	105	295	78
No especificado	24	28	260
Jubilada	16	32	30
Total	**3300**	**4242**	**4438**

Fuente: Datos obtenidos del Instituto Jalisciense de las Mujeres, vía INFOMEX. Enero 2010

La independencia económica de las mujeres es un importante apoyo que puede brindarles a ellas la posibilidad de alejarse de una relación violenta; sin embargo, la incorporación de las mujeres al mercado laboral es a su vez un proceso que agudiza este tipo de relaciones: 58.5% de las económicamente activas dicen haber sufrido al menos un incidente de violencia durante los últimos 12 meses.

6.4 Mujer, sexo más violentado

DENUNCIAS RECIBIDAS EN EL 2007 EN LA PROCURADURIA DE JUSTICIA DEL ESTADO DIFERENCIANDO SEXO

TOTAL 2007	OFENDIDOS MUJERES 2007	OFENDIDOS HOMBRES 2007
ENERO	199	10
FEBRERO	182	5
MARZO	254	11
ABRIL	282	19
MAYO	249	13
JUNIO	219	15
JULIO	126	10
AGOSTO	145	7
SEPTIEMBRE	191	8

Fuente: Coordinación de Atención a Delitos cometidos en Agravio de Menores, Delitos Sexuales y Violencia Intrafamiliar de la Procuraduría General de Justicia del Estado de Jalisco

NUMERO DE CASOS ATENDIDOS POR VIOLENCIA INTRAFAMILIAR DIFERENCIANDO SEXO

AÑO	MUJERES	HOMBRES
2005	171	13
2006	241	17
2007	487	51
2008	475	35

Fuente: DIF Jalisco por medio del portal de Transparencia INFOMEX.

Por lo general son los hombres quien más maltrata a la mujer, generalmente la pareja, ya sea cónyuge o concubino. Con ello nos inclinamos a pensar en la posición jerárquica que tiene la mujer en su familia, que está en desventaja con su esposo. (Ferreira,1989) Como se ha mencionado, el esposo es quien fundamentalmente maltrata a la mujer. Si se toma en cuenta que el agresor es una persona con la que se tiene una relación cotidiana, es importante reflexionar y profundizar sobre los efectos que esta relación de sujeción emocional y/o física acarrea a largo plazo, así como los motivos que condicionan la permanencia de la unión. (Oficina de la Naciones Unidas en Viena, 1989)

A esto puede añadirse como se estudio en el primer capítulo las características socioculturales de nuestro estado, que enfatizan la unidad familiar ante cualquier adversidad, pudiendo ser una de ellas la violencia que sufre la mujer. Ya que la violencia hacia estas debido a su pertenencia genérica, no es un problema que se explique por adicciones, condiciones de pobreza, problemas psicológicos del agresor etc., es un problema de relaciones de poder entre sexos, manejado desde una perspectiva de sometimiento; como tal, las normas, costumbres, valores y asignación de jerarquías a los roles de género que lo sustentan, se refuerzan en todos los ámbitos, pero es dentro del seno familiar donde se reproducen y se adquieren durante la infancia. De tal forma que los antecedentes de violencia experimentados por la pareja en sus familias de origen sí representan un factor de probabilidad para producir estructuras familiares similares. (ENDIREH, 2007)

Los modelos de conducta que definen las tareas y funciones según el género tienen mayor o menor rigidez según qué tan tradicional o moderna sea la familia en cuestión. De acuerdo con una visión tradicional, al hombre le corresponde trabajar fuera del hogar, proveer lo necesario para el sustento de la familia y ejercer la autoridad; la mujer por su parte, debe dedicarse a cuidar el buen funcionamiento de la casa, atender a los hijos y también al marido. En este mismo esquema hay posiciones claras de mando y obediencia, autoridad y sumisión. (Torres, 2005)

6.5 Mujeres Violentadas a lo Largo de la Vida

VIOLENCIA DE PAREJA POR GRUPOS DE EDAD	
GRUPOS DE EDAD	PORCENTAJE
De 15 a 19 años	14.9
De 20 a 24 años	25.8
De 25 a 29 años	32.7
De 30 a 34 años	36.4
De 35 a 39 años	28.3
De 40 a 44 años	28.6
De 45 a 49 años	34.7
De 50 a 54 años	28.6
De 55 a 59 años	20.7
De 60 en Adelante	14.5

Fuente: Diagnostico de Violencia en Jalisco 2008. Instituto Jalisciense de las Mujeres.

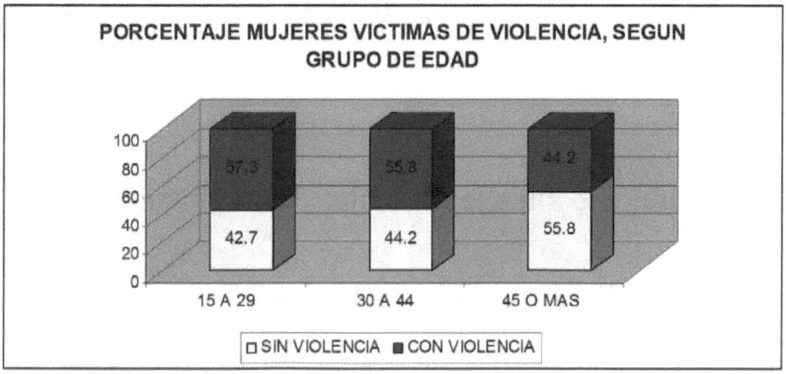

Fuente: Encuesta Nacional sobre la Dinámica de las Relaciones en los Hogares. Jalisco. 2006. INEGI.

EDAD DE FEMENINAS ATENDIDAS EN EL INSTITUTO JALISCIENSE DE LAS MUJERES

Edades	2007	2008	2009
Menos de 10 Años	0	0	0
10 a 14 años	0	11	104
15 a 19 años	88	132	238
20 a 24 años	342	447	498
25 a 29 años	496	689	686
30 a 34 años	629	793	780
35 a 39 años	627	797	710
40 a 44 años	397	457	474
45 a 49 años	276	347	308
50 a 54 años	167	220	207
55 a 59 años	91	105	125
60 a 64 años	49	72	109
65 a 69 años	17	26	51
70 o más	13	16	44
No especificado	108	130	104
Total	**3300**	**4242**	**4438**

Fuente: Instituto Jalisciense de las Mujeres vía portal transparencia INFOMEX. Enero 2010

Como se pudo observar en las gráficas que anteceden, de los 20 a los 50 años, es la edad en la que las mujeres son mayormente violentadas.

6.6 Con Estudios o sin ellos la Mujer Sufre Violencia

VIOLENCIA DE PAREJA POR NIVEL EDUCATIVO	
ESCOLARIDAD	**PORCENTAJE**
Sin estudio	31.3
Primaria	25.7
Secundaria	26.2
Carrera Técnica o Comercial	20.6
Preparatoria	29.7
Licenciatura	23.1
Post Grado	5.7

Fuente: Diagnostico de Violencia en Jalisco 2008. Instituto Jalisciense de las Mujeres.

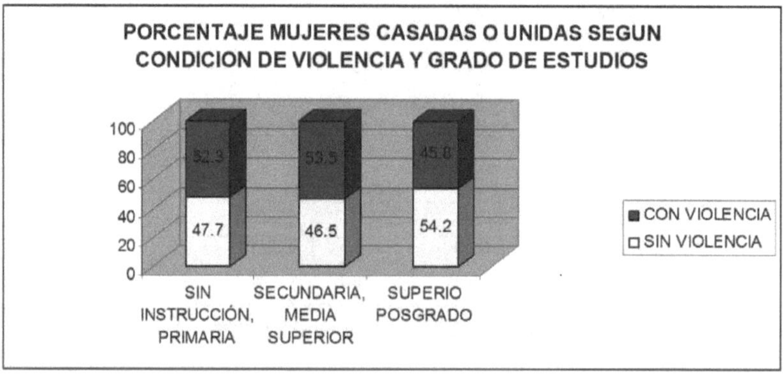

Fuente: Encuesta Nacional sobre la Dinámica de las Relaciones en los Hogares. Jalisco. 2006. INEGI.

ESCOLARIDAD DE LAS MUJERES ATENTIDAS EN EL INSTITUTO JALISCIENSE DE LAS MUJERES

Escolaridad	2007	2008	2009
Ninguno	72	234	119
Primaria	511	926	1144
Secundaria	762	1317	1344
Carrera Técnica	0	0	
Preparatoria	379	689	1042
Carrera Técnica con preparatoria	346	512	0
Profesional	374	485	518
Maestría	12	3	0
Doctorado	2	14	0
No Especificado	842	62	271
Total	**3300**	**4242**	**4438**

Fuente: Datos obtenidos del Instituto Jalisciense de las Mujeres, vía INFOMEX. Enero 2010

El nivel educativo de las mujeres no tiene relación directa con el maltrato por parte de su esposo o pareja, es decir, no existe un patrón definido respecto a la escolaridad de las mujeres que sufren violencia, pues ésta se produce en parejas de todos los niveles educativos. Aun entre las mujeres con estudios superiores existe violencia, aunque su prevalencia es menor que entre mujeres con niveles más bajos de instrucción.

6.7 Percepción de la Mujer Violentada respecto a Instituciones Estatales

Una vez analizado el problema de violencia contra la mujer que prevalece en el estado, y tomando en consideración que si bien es cierto, es de vital importancia atender las causas socio económicas y políticas que generan la violencia por medio de la prevención, también se debe realizar un análisis a las instituciones estatales que brindan apoyo a las mujeres violentadas y la percepción que tienen las mujeres sobre dichas instituciones. Así tenemos pues la siguiente gráfica

INSTITUCIONES QUE APOYAN A LAS MUJERES

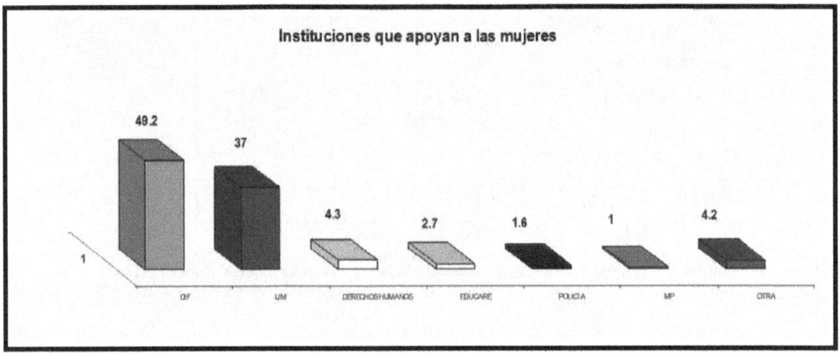

Fuente: Diagnostico de Violencia en Jalisco 2008. Instituto Jalisciense de las Mujeres.

De la cual se desprende que de las instituciones que hay en el estado para la atención de las mujeres que sufren violencia, la mayoría de las entrevistadas considera que donde más se les ha apoyado es en el DIF y en el Instituto Jalisciense de las Mujeres; llama la atención que de la institución que menos perciben el apoyo o señalan que menos las ha apoyado es el Ministerio Público, el cual en teoría tiene estrecha relación con la atención a las víctimas de ésta violencia, puesto que son ellos quienes recaban las denuncias por el delito de Violencia intrafamiliar, integran la averiguación previa y ejercitan acción penal buscando que se castigue a su victimario.

El problema inicia cuando las agencias del Ministerio Público que reciben las denuncias, las clasifican en averiguaciones previas como tal o en "expedientes de investigación" en los cuales también se está cometiendo el delito en contra de la mujer, pero ésta señala que: "únicamente quiere un antecedente" lo que genera que la mujer continúe conviviendo con su agresor, lo cual es una desventaja para esta pues en cualquier momento puede ser violentada de nuevo, empero es ventaja para la autoridad pues reportan disminución en la cantidad de denuncias recibidas por dicho delito, colocándose así ellos mismos una venda sobre los ojos, pues al considerar que el delito va a la baja éste se deja de atender. Tal y como lo hizo la Procuraduría de Justicia del Estado que en el año 2008 no aplicó los recursos destinados a la atención de víctimas y prevención del delito. [6]

Según cifras que reportó la entonces Procuraduría General de Justicia del Estado de Jalisco, en los años 2007 y 2008 más del 50% de las averiguaciones previas que se integran por dicho delito, terminan archivándolas, por lo que no se le procuró justicia a la mujer victimada. Por lo que no es extraño que aunado a lo difícil que es atreverse a denunciar éste delito, por la cuestión moral, cultural y social, el que se denuncie y no se logre nada, es otro motivo más para que las mujeres sigan siendo agredidas en silencio. Como se observa en la siguiente gráfica.

[6] Tal como lo señaló la Diputada, Maestra en Derecho Verónica Martínez Espinoza en la Mesa redonda realizada en el Posgrado en Derecho de la Universidad de Guadalajara.

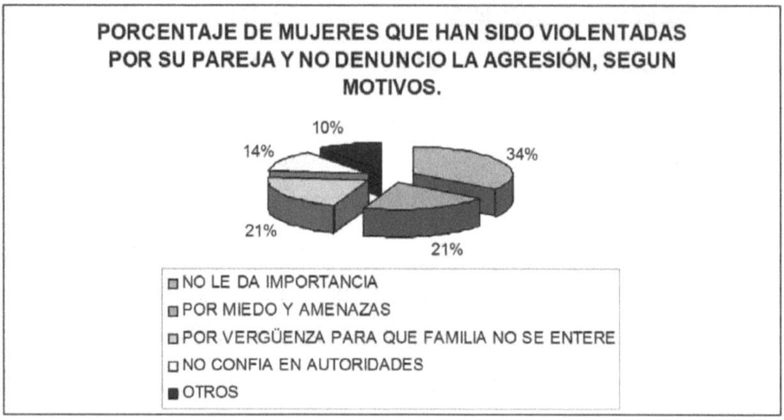

Fuente: Encuesta Nacional sobre la Dinámica de las Relaciones en los Hogares. Jalisco. 2006. INEGI.

Por lo que no es de extrañarse, que en el Estado sólo el 3.0 por ciento de las mujeres violentadas denunció las agresiones ante alguna autoridad o dependencia, principalmente al DIF, trabajadores sociales y ministerios públicos. [7]

Para René A, Jiménez Órnelas el estudio de la violencia en México posee un elemento común: la gran dificultad para poder desarrollar análisis de tipo cuantitativo y cualitativo, pues uno de los principales impedimentos es la carencia de datos confiables, ya que es perfectamente conocido que este tipo de información presenta un gran subregistro o en su caso contrario el acceso a ella es muy limitado. (La Cifra Negra de la Delincuencia en México, 2002)

[7] Tal y como se desprende del Diagnostico de Violencia en Jalisco 2008 realizado por la empresa Berumen

6.8 ¿Disminuye la Violencia contra la Mujer? ¿Y la Prevención?

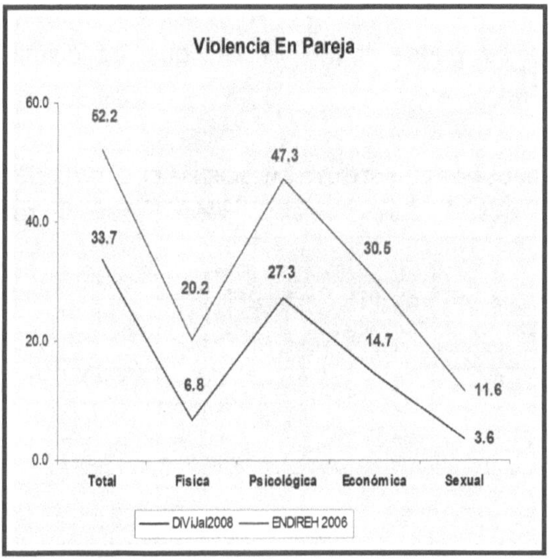

Fuente: Diagnostico de Violencia en Jalisco 2008. Instituto Jalisciense de las Mujeres.

Si bien es cierto, como se desprende de la presente gráfica, comparando la ENDIRHE 2006 y la DIVIJAL 2008 aplicadas en el Estado, la violencia contra la mujer ha disminuido, también se debe considerar, el universo sobre el cual se realizó la encuesta; empero independientemente de eso, que más del 30% de las mujeres jaliscienses siga siendo violentada no es muestra de que se han realizado acciones oportunas.

Como se ha manejado a lo largo de la presente investigación, la propuesta primordial es que se aborde LA PREVENCIÓN como la mejor solución para lograr disminuir la violencia contra la mujer, sin embargo, estos programas preventivos deben ser planeados y organizados entre todas las dependencias competentes.

Pues si bien es cierto, se han llevado a cabo cursos enfocados a la prevención del delito, al realizarse éstos de manera desorganizada, sin planificación, sin comunicación entre dependencias, no se puede lograr el fin, que es disminuir la violencia contra la mujer.

CURSOS IMPARTIDOS POR EL INSTITUTO JALISCIENSE DE LAS MUJERES

Destinados a	2005	2006	2007	2008	2009	TOTAL
Servidores Públicos	7	5	12	113	135	**272**
Población Abierta	3	0	1	7	9	**20**
Alumnos	5	0	3	2	7	**17**
Iniciativa Privada	0	0	0	0	5	**5**
Internos Reclusorios	0	0	0	4	3	**7**
Asociación Civil	1	0	0	2	1	**4**
Indígenas	2	0	0	0	0	**2**
Docentes	0	2	1	0	0	**3**

Fuente: Instituto Jalisciense de las Mujeres vía portal transparencia INFOMEX. Enero 2010

Como se puede observar el Instituto Jalisciense de las Mujeres, ha realizado importantes esfuerzos para tratar de disminuir la violencia en el estado, y lo ha hecho impartiendo diversos cursos, sin embargo, la mayoría ha estado destinado a servidores públicos, que si bien es cierto es necesario cuenten con la capacitación necesaria para atender a mujeres víctima de violencia, también lo es que es prioritario y urgente se realicen más campañas de prevención entre la población abierta, para que se pueda ver reflejada una disminución en el delito.

En el Ayuntamiento de Zapopan, vía portal de transparencia INFOMEX, bajo oficio OMA 0600 T-071 2010, de fecha 12 de enero del 2010, refirieron que se realizó el Diplomado "Masculinidades y Atención a Hombres que ejercen Violencia Familiar en la Pareja" el cual fue impartido por la Asociación Civil Hombres por la Equidad, con un total de 144 horas cubierta, en el período comprendido de 19 de junio del 2008 al 13 de febrero del 2009.

COLONIAS DONDE SE IMPARTIERON CURSOS PREVENTIVOS SOBRE LA VIOLENCIA INTRAFAMILIAR EN EL MUNICIPIO DE TLAQUEPAQUE

AÑO	COLONIAS			PROCESOS GRUPALES REALIZADOS
2007	San Pedro La Duraznera Balcones Santa María El Sauz Colonial Tlaquepaque Álamo Las Juntas Santa María Tequepexpan Linda Vista Toluquilla Atlas Las Pintas Hidalgo La Soledad Los Meseros	San Pedrito Rancho Blanco Camichines Quintero Nueva Santa María Los Altos Haciendas del real La Asunción San Martín Lagos de Oriente Lomas del cuatro Verde Valle Alfredo barba Indígena Lomas del Tapatío	Verde Valle Calerilla Portillo López Guayabitos Álamo oriente Francisco S.Romero Plan de Oriente	211
2008	Romita Francisco Silva Romero Cerro del Tesoro San Pedro La Duraznera La Ladrillera Artesanos Emiliano Zapata Tateposco	Guayabitos Miravalle El Vergel Fracc. Revolución. Prados Las Pintas Cerro del Cuatro El Tapatío San Pedrito	El Refugio Los Altos Las Juntas Parques Sta. Cruz San Martín de Arriba Lomas Santa Anita Plan de las	148

	Villa Fontana Alborada La Capacha Alfredo Barba	Santa M.Tequepexpan Los Meseros Lomas Sn.Miguel Lomas de la Victoria	Flores Álamo Industrial Portillo López Romita Las Huertas	
2009	Fovisste Miravalle Lomas de San Miguel Prados Colon San Martin Nueva Sta. María	Micaelita Misión Magnolia Juan de la Barrera El Vergel Parques Colon	Sta. M.Tequepexpan Haciendas San José Villa Los Cantaros El Sauz El Tapatío	43

Fuente: Ayuntamiento de Tlaquepaque vía portal transparencia INFOMEX.

COLONIAS DONDE SE IMPARTIERON CURSOS PREVENTIVOS SOBRE LA VIOLENCIA INTRAFAMILIAR EN EL MUNICIPIO DE TONALÁ

AÑO 2008

COLONIA	PRIMARIA	SECUNDARIA	PRE ESCOLAR
Jalisco	4	1	0
Zalatitan	4	1	0
Santa Paula	6	1	0
Loma Dorada	5	1	1
Cabecera	4	1	0
Puente Grande	3	1	0
Lomas del Camichín	3	1	0
El Vado	1	0	0
Jauja	1	0	0

El Sancho	1	0	0
Cd. Aztlan	1	0	0
Rey Xolotl	1	0	0
Sta. Cruz de las Huertas	1	1	0
La Ladrillera	1	0	0
Loma Bonita	2	0	1
Infonavit Rio Nilo	1	0	0
Infonavit La Soledad	1	0	0
San Miguel de la Punta	1	0	1
Arcos de Zalatitan	1	0	0
Francisco Villa	1	0	0
Lomas de la Soledad	1	0	1
	Escolares Beneficiados 8951		

Fuente: Ayuntamiento de Tonalá vía portal transparencia INFOMEX. Enero 2010

COLONIAS DONDE SE IMPARTIERON CURSOS PREVENTIVOS SOBRE LA VIOLENCIA INTRAFAMILIAR EN EL MUNICIPIO DE TONALÁ

AÑO 2009

COLONIA	PRIMARIA	SECUNDARIA
San Gaspar	2	1
Misión San Francisco	1	
Coyula	1	1
Rancho de la Cruz	1	

Preparatoria Tonalá		320
Colegio de Bachilleres		80
CETI Tonalá		100
Escolares Beneficiados 500		

Altamira Zalatitan	1	
El Rosario	1	
Bosques de Tonalá	1	
20 de Noviembre	0	1
Los Tulipanes	1	
Prados del Cenit	1	
Tonalá Centro	1	1
La Sillita	1	
	Escolares Beneficiados 3172 **Padres Beneficiados 30**	

Fuente: Ayuntamiento de Tonalá vía portal transparencia INFOMEX. Enero 2010

En lo referente a la prevención mediante cursos de información y capacitación que se imparten en los municipios, el problema radica, según se observa de realizar un cruce de información de las colonias de donde se reciben más reportes y las colonias donde imparten las pláticas sobre la Violencia, en que las colonias donde son impartidas, no son en las que existen mayores brotes de violencia contra la mujer, y si bien es cierto, que los programas preventivos deben de ir dirigidos a toda la sociedad, también lo es que deben de ser atendidos primeramente las colonias donde se cuenten con mayores casos de éste problema.

Por lo tanto, al no existir dicha coordinación entre dependencias ni una base de datos confiable en la cual se establezca el fenómeno real de la violencia que sufren las mujeres jaliscienses, las denuncias o asesorías que se realizan en cada una de las instituciones, mapas delictivos que señalen las colonias o municipios donde hay más incidencia en éste tipo penal, coordinación en cuanto a que los programas preventivos, mediante cursos o capacitación se realicen en las colonias o poblaciones donde se reporta mayor incidencia de violencia contra la mujer, y que una vez iniciado el proceso en una determinada zona o colonia se dé el seguimiento, realizándose estudios previos y posteriores a la aplicación de los programas preventivos para verificar que estos realmente hayan sido eficaces y se hayan disminuido los reportes, esto aumenta la ineficacia de las políticas públicas en materia de prevención de dicho delito.

Por más erogaciones previstas en las leyes del Presupuesto, cursos de capacitación, reformas a los códigos penales, sistemas de Coordinación, no serán suficientes si omiten la prevención como eje sobre el que deben girar las Políticas Públicas encaminadas a disminuir y de ser posible erradicar la violencia contra la mujer.

6.9 Cifras recientes de Violencia contra la Mujer en Jalisco

Si bien es cierto se han sumado esfuerzos pretendiendo disminuir la violencia contra la mujer en el Estado, lo cierto, es que ésta permanece, y continúa estando Jalisco, dentro de los primeros lugares a nivel nacional de violencia contra la mujer.

Considero que uno de los factores es que se desconoce a fondo la dimensión del problema, iniciando por la ignorancia sobre las cifras exactas, pues las estadísticas más recientes que tiene el Instituto Nacional de Estadística y Geografía (INEGI) sobre el problema de violencia contra la mujer en Jalisco, datan del 2011.

Dichos datos se dieron a conocer en la publicación denominada el *Panorama de violencia contra las mujeres en Jalisco. ENDIREH 2011*. Los antecedentes de este producto editorial se ubican en 2003, cuando se realiza por vez primera una encuesta de cobertura nacional sobre violencia por parte de la pareja hacia las mujeres de 15 y más años, casadas o unidas, y una publicación en el nivel nacional presentando los indicadores más significativos derivados de la información captada por dicha encuesta. Posteriormente se le dio continuidad con otras dos, 2006 y 2011.

Este trabajo constituye una de las respuestas a los compromisos adquiridos en cumbres internacionales que tienen como finalidad abatir las desigualdades entre sexos, que vulneran el desarrollo democrático de una nación; su referencia obligada es la Convención para la Eliminación de todas las Formas de Discriminación Contra la Mujer (CEDAW), esencia de la lucha en pro de los derechos humanos fundamentales desde 1979. Por su parte, la IV Conferencia Mundial de Beijing celebrada en 1995, constituye una de las cumbres donde se evidencian las principales preocupaciones actuales que requieren de atención inmediata (entre ellas la discriminación y la violencia contra las mujeres) y a las cuales México se suma con iniciativas concretas, obteniendo y difundiendo información estadística sobre la incidencia de la violencia de pareja en los ámbitos escolar, laboral y comunitario.

(Panorama de la Violencia contra las mujeres en Jalisco. Recuperado en: http://www.inegi.org.mx/prod_serv/contenidos/espanol/bvinegi/productos/estudios/sociodemografico/mujeresrural/2011/jal/702825049942.pdf)

De dicha publicación se resaltan los resultados de las encuestas realizadas.

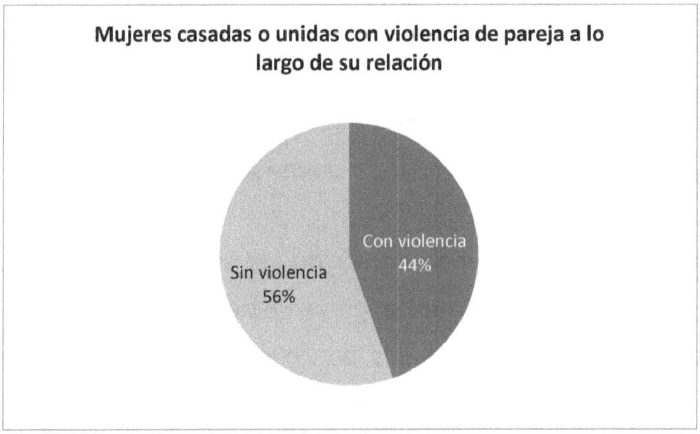

(Panorama de la Violencia en Jalisco. ENDIREH 2011. INEGI)

Al referirse a la violencia por parte de su pareja a lo largo de su relación, se tiene que en el estado de Jalisco poco menos de la mitad (45 de cada 100) de las mujeres dicen haber vivido eventos violentos. Lo cual representa un avance pues en la encuesta realizada en el año 2006, el 59% de las entrevistadas refirió haber sido víctima de violencia.

También se analizó si la escolaridad, tiene incidencia directa sobre la violencia que sufre la mujer, y se obtuvo el siguiente resultado:

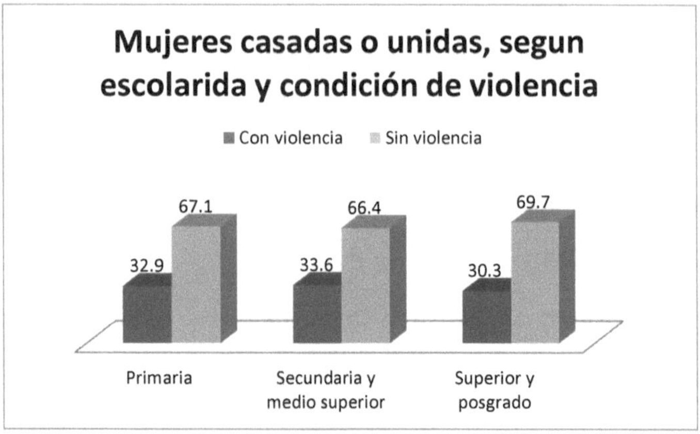

(Panorama de la Violencia en Jalisco. ENDIREH 2011. INEGI)

De lo anterior se puede concluir que la escolaridad, no es un factor determinante o que incida gravemente en la condición de violencia que sufre la mujer, pues aun cuando se pudiera pensar que la mujer con menor escolaridad es quien menos conoce del tema y defiende sus derechos, lo cierto es que el porcentaje es prácticamente el mismo, lo que significa que la mujer haya estudiado o no continúa siendo víctima de violencia, por lo que se considera que lo que realmente incide en este problema es la cultura y no el grado de estudios de la mujer.

También se ha considerado como un factor determinante, el hecho de que la mujer sea económicamente activa o no, pues culturalmente y en la psique del hombre el hecho de que la mujer genere ganancias económicas, tiene independencia de la pareja, lo que no agrada a muchos, tal y como lo muestran las siguientes estadísticas

(Panorama de la Violencia en Jalisco. ENDIREH 2011. INEGI)

De lo anterior, se observa que las mujeres económicamente activas son quienes sufren mayor violencia, y no por poco, sino que por cada mujer no económicamente activa que es violentada sufren violencia dos que si laboran.

Ahora bien, de las mujeres que han sido víctimas de violencia y que suponiendo hayan acudido ante alguna autoridad a manifestar la violencia de la que son objeto, podemos ver que la mayoría acude a otras autoridades pero no a la policía, según se muestra enseguida.

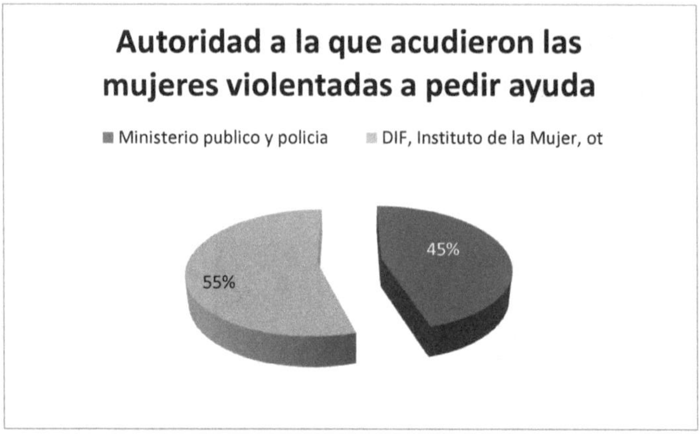

(Panorama de la Violencia en Jalisco. ENDIREH 2011. INEGI)

De lo anterior se desprende que son menos las mujeres que acuden ante el Ministerio Público, lo que denota el porqué de la cifra negra, además se debe considerar que no basta con que la mujer acuda a denunciar sino que tiene que continuar con el proceso, lo que en ocasiones no sucede, puesto que prefieren retirar la denuncia que continuar, ello por cuestiones multifactoriales, como presión familiar, amenazas de la pareja, imposibilidad de costear la manutención de la familia, por lo que al no contar la mujer con las redes de apoyo suficientes que las hagan conservar su postura, muchas de ellas ya no dan seguimiento a su denuncia o se presentan a retirarla.

Ahora bien, respecto del tipo de violencia del que son objeto las jaliscienses, son los siguientes:

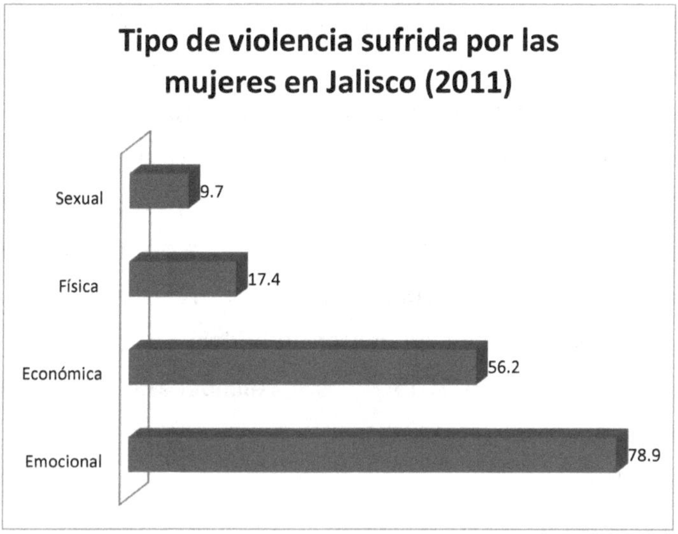

(Panorama de la Violencia en Jalisco. ENDIREH 2011. INEGI)

Se observa que la mayoría de las mujeres, casi el 80%, que reportó violencia ésta fue emocional, para lo cual se aclara que se pueden combinar varios tipos de violencia. Resaltando que de las entrevistadas el 56% sufrió también violencia del tipo económico, lo que se explica en conjunto con la encuesta anterior en la que, la mayoría de las mujeres violentadas eran económicamente activas.

Como ya se señaló, estas son las últimas cifras con las que se cuenta por parte del INEGI, y datan del año 2011. La Secretaría de Salud Jalisco, a Agosto del año 2015 reportó que tenían registrados 7 mil 739 casos de violencia contra las mujeres en el primer semestre del 2015 en Jalisco representan un incremento de 10% respecto al año pasado; sin embargo lo que preocupa a Alma Solórzano Magaña, responsable del Programa de Violencia de la SSJ, es el hecho de que hay un subregistro en las estadísticas, porque quienes sufren prefieren no denunciar por pena o vergüenza.

Hizo saber que apenas una de cada 20 mujeres denuncia que sufre algún tipo de ataque y dejó en claro que la agresión más reiterada es la psicológica, con 4 mil 551 casos; luego sigue la física, con mil 834 registros; la sexual, con 846; la económica, con 333 incidentes, y la violencia por abandono, con 175 casos. (Crece violencia contra las mujeres en Jalisco, reportaje de fecha 29 de agosto del 2015. Recuperado en: http://concienciapublica.com.mx/slider/crece-violencia-contra-mujeres-en-jalisco/)

Lo hasta ahora expuesto deja de manifiesto que al igual que en años anteriores, la violencia contra la mujer en el estado de Jalisco continúa y aun ocupa los primeros lugares a nivel nacional, lo que denota la necesidad de mayores acciones preventivas.

6.10 Encuestas a Servidores Públicos que atienden a mujeres víctimas de violencia.

A través de la entrevista a personas claves se buscó entender el mundo desde la perspectiva del entrevistado, que opinión tienen sobre la aplicación de la Ley de Acceso a las mujeres a una vida libre de violencia del Estado de Jalisco, y su impacto en la disminución de casos de violencia contra las mujeres.

Ya que mediante las entrevistas aplicadas a conocedores de la materia como lo son principalmente quienes se encargan de atender a mujeres víctimas de violencia en la Procuraduría de Justicia del Estado, el Instituto de las Mujeres y el Consejo Estatal para la Prevención y Atención de la Violencia Intrafamiliar, se logró saber qué acciones se deben desarrollar en las dependencias para disminuir el problema en estudio y que planes de trabajo proponen para combatir la violencia contra la mujer en el Estado.

6.10.1. Cuestionario

El diseño del cuestionario se realizó con el objeto de transformar la investigación en explicativa y señalar la necesidad de más personal y capacitación para quien atiende este tipo de casos, la necesidad de verdaderos programas de prevención donde estén inmersos las dependencias estatales encargadas de atender la violencia contra las mujeres, empero que dichos programas se realicen de manera organizada entre las dependencias, pues no existe un contacto entre las mismas que las haga unir fuerzas.

Mediante la aplicación de preguntas formales previamente estructuradas a personas que son especialistas en el tema, que diariamente atienden a las víctimas, fue útil para conocer lo que se necesita para crear verdaderas políticas criminales y no únicamente leyes.

6.10. 2. Justificación de la muestra

La estadística y el muestreo son medios idóneos para que con un número reducido de entrevistas se pueda hacer inferencia sobre una población grande, en base al cuestionario aplicado y con un diseño de muestra, se manejaría un margen de error del +/-5%.

La muestra es de tipo probabilística, en virtud de las características de la población a la que fue aplicada, tienen conocimiento científico y práctico del tema abordado, por desempeñar su función del rubro legal.

Para calcular el tamaño de una muestra se tomó como referencia tres factores:

- ✓ El porcentaje de confianza con el cual se quiere generalizar los datos desde la muestra hacia la población total.

- ✓ El porcentaje de error que se pretende aceptar al momento de hacer la generalización.

- ✓ El nivel de variabilidad que se calcula para comprobar la hipótesis.

La fórmula aplicada fue:

$$n = \frac{Z^2 pq\, N}{NE^2 + Z^2 pq}$$

Al conocer exactamente el tamaño de la población, en el caso de la Coordinación de Atención a Delitos cometidos en Agravio de Menores, Delitos Sexuales y Violencia Intrafamiliar, de la Procuraduría de Justicia del Estado de Jalisco, al estar adscritos a dicha coordinación 90 servidores públicos entre actuarios, secretarios y Agentes del Ministerio Público, el tamaño de la muestra en este caso, se constriñe a 8 Agentes del Ministerio Público, por lo que resulta con mayor precisión.

Con respecto a la Dirección de Prevención del Consejo Estatal para la Prevención y Atención de la Violencia Intrafamiliar, se entrevistó a sólo un servidor público, pues sólo uno se encuentra adscrito a dicha dirección.

Y en la dirección de Capacitación del Instituto de las Mujeres, al contar con cuatro personas adscritas, se entrevistó a una de ellas.

De lo anterior se advierte que se procuró aplicar la entrevista a profesionistas, servidores públicos que atienden a mujeres víctimas de violencia, que de alguna manera participan en sus diferentes etapas y que por ende, nos aportan una visión empírica de la realidad apegada al fenómeno que se investiga.

6.10.3 Presentación del instrumento aplicado:

NOMBRE	
CARGO O FUNCIÓN	
¿HA RECIBIDO POR PARTE DE LA DEPENDENCIA DONDE LABORA CURSOS DE ACTUALIZACIÓN SOBRE EL CONTENIDO DE LA LEY DE ACCESO A LAS MUJERES A UNA VIDA LIBRE DE VIOLENCIA DEL ESTADO DE JALISCO?	
¿EN SU LABOR COTIDIANA COMO SERVIDOR PÚBLICO EN UN ÁREA ESPECIALIZADA EN EL TEMA, APLICA DICHA LEY?	
¿CONSIDERA QUE DESPUÉS DE PROMULGADA DICHA LEY LOS CASOS DE VIOLENCIA CONTRA LA MUJER HAN DISMINUIDO?	
¿QUE ACCIONES SE HAN REALIZADO EN LA DEPENDENCIA DONDE LABORA PARA DISMINUIR LA VIOLENCIA CONTRA LA MUJER?	

¿DE LAS ACCIONES A REALIZAR SEGÚN LO MARCA EL SISTEMA Y PROGRAMA ESTATAL CONSISTENTES EN LA PREVENCIÓN, ATENCIÓN Y SANCIÓN DE LA VIOLENCIA CONTRA LA MUJER, CUÁL DE ESTAS CREE MÁS INDISPENSABLE REALIZAR?

¿SABE SI EN LA DEPENDENCIA DONDE LABORA EXISTE UN PROGRAMA O POLÍTICA PÚBLICA TENDIENTE A LA PREVENCIÓN, ATENCIÓN Y ERRADICACIÓN DE LA VIOLENCIA CONTRA LA MUJER?

¿HA PARTICIPADO O IMPARTIDO CURSOS O TALLERES SOBRE VIOLENCIA CONTRA LA MUJER?

¿DE LOS CURSOS O TALLERES QUE SE IMPARTEN EN LA DEPENDENCIA, YA SEA A LA COMUNIDAD O AL PERSONAL, A CUÁL DE LAS ACCIONES VAN ENCAMINADOS? A PREVENIR, ATENDER O SANCIONAR.
¿EN LA DEPENDENCIA DONDE LABORA, SE LE DA SEGUIMIENTO A LOS CASOS DE VIOLENCIA CONTRA LA MUJER QUE ATIENDEN? EN QUE CONSISTE DICHO SEGUIMIENTO?
¿QUÉ ACCIONES PROPONDRÍA PARA DISMINUIR LA VIOLENCIA CONTRA LA MUJER?

6.10.4. Presentación de los resultados de la aplicación del cuestionario

De la población que conforma la muestra 80% presta sus servicios laborales en la Procuraduría General de Justicia del Estado de Jalisco, 10% en el Instituto de las Mujeres y el restante 10% al Consejo Estatal para la Prevención y Atención de la Violencia Intrafamiliar; asimismo, se advierte que en relación al tiempo que tienen desempeñando sus funciones, estos oscilan entre 04 a los 15 años, lo que acredita un grado de confiabilidad en sus respuestas en relación al tema que se les propone.

Resultados

Pregunta 1

a) Pregunta formulada:

¿Ha recibido por parte de la dependencia donde labora cursos de actualización sobre el contenido de la Ley de Acceso a las Mujeres a una vida libre de violencia del Estado de Jalisco?

b) Que se pretendió medir

Con esta pregunta se trato de conocer la capacitación que se les brinda a los servidores públicos por parte de las dependencias para que atiendan a las mujeres víctimas de violencia.

c) Consideraciones respecto al objeto de estudio

Lo anterior en virtud de que una de las necesidades primordiales es que los servidores públicos que atienden a las victimas estén debidamente capacitados.

d) Análisis de los resultados

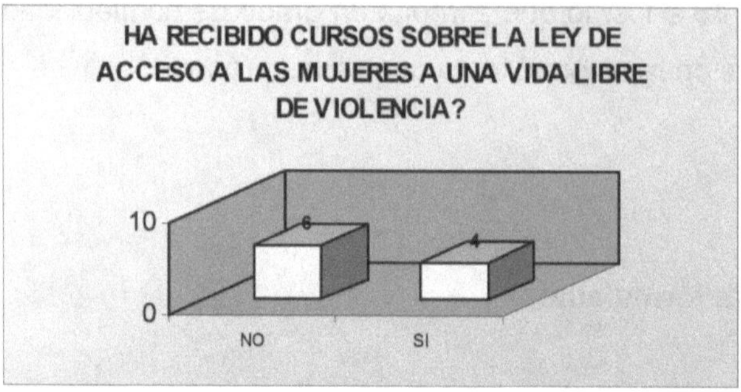

El resultado que nos señala estas repuestas, acreditan que lamentablemente el 60% de los servidores públicos que atienden mujeres víctimas de violencia, no han recibido la capacitación adecuada.

Pregunta 2

a) Pregunta formulada:

En su labor cotidiana como servidor público en un área especializada en el tema, ¿aplica la Ley de Acceso a las Mujeres a una vida libre de violencia del Estado de Jalisco?

b) Se pretendió conocer el grado de conciencia que se tiene, respecto a lo que establece la norma, se trato de saber que tan familiarizado estaba con la materia nuestro entrevistado.

c) Lo anterior en virtud de que nuestro objeto de estudio lo constituye la prevención de la violencia contra la mujer como una medida de seguridad en el estado, y precisamente una de las necesidades básicas para la atención y prevención del problema es que los servidores públicos que atienden estos casos estén familiarizados con la ley, para una correcta aplicación de la normatividad penal.

d) Análisis de resultados:

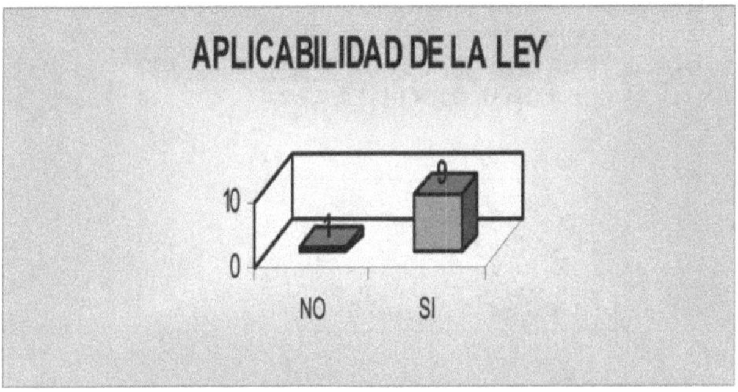

De la pregunta formulada se advierte que si bien es cierto como se desprende de la primera pregunta, no han recibido cursos de actualización sobre la citada ley, esto no ha impedido para que ellos la conozcan y la apliquen.

Pregunta 3

a) Pregunta formulada:

¿Considera que después de promulgada dicha ley, los casos de violencia contra la mujer han disminuido?

b) Se quiso saber la opinión de los servidores públicos que son el primer contacto con las víctimas, para saber si la sola promulgación de una ley consideran que disminuye la incidencia de casos.

c) Lo anterior para saber si sólo basta con creación de leyes o es necesario que se realicen políticas públicas más amplias.

d) Análisis de los resultados:

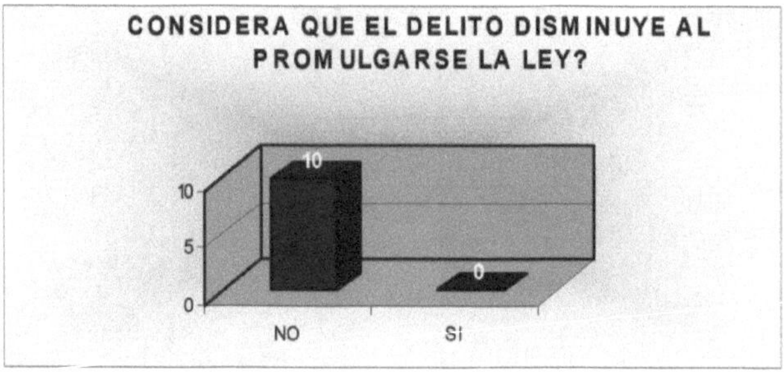

Se observó que el total de los entrevistados consideran que con la sola promulgación de la ley, los casos de violencia no han disminuido.

Pregunta 4.

a) Pregunta formulada:

¿Qué acciones se han realizado en la dependencia donde labora para disminuir la violencia contra la mujer?

b) Conocer si además de la aplicación de la ley, lo cual no ha ocasionado que se disminuyan los casos, que hacen las dependencias para tratar de disminuir el problema.

c) Consideraciones respecto al objeto de estudio

Lo anterior en virtud de que en las leyes orgánicas de cada una de las dependencias donde laboran los servidores públicos entrevistados, se desprenden que deben de realizar acciones de prevención y atención.

d) Análisis de los resultados

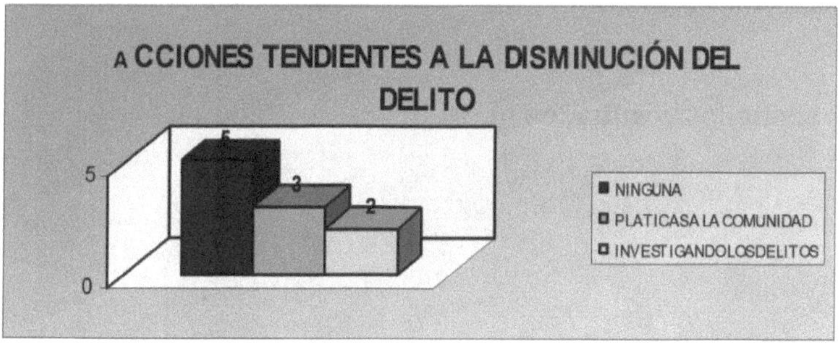

Se advierte que del total de nuestros entrevistados, 50% señala que en la dependencia donde laboran no se realiza ninguna otra acción para tratar de frenar el problema en estudio; el 30% señala que se realizan platicas a la comunidad para que identifiquen cuál es el problema y el 20% refiere que se ayuda a la disminución del delito investigando cuando éste ya se ha cometido.

Pregunta 5

a) Pregunta formulada:

De las acciones a realizar según lo marca el sistema y programa estatal, consistentes en la prevención, atención y sanción de la violencia contra la mujer, ¿Cuál de éstas cree más indispensable?

b) Establecer la opinión de los servidores públicos que atienden directamente a las mujeres víctimas de violencia, sobre cuál de las acciones consideran que es más importante que se realice por parte de las dependencias para lograr una disminución del problema, al ser ellos los conocedores directos del entorno que le plantean las víctimas y del porqué les manifiestan sufren de violencia.

d) Análisis de los resultados

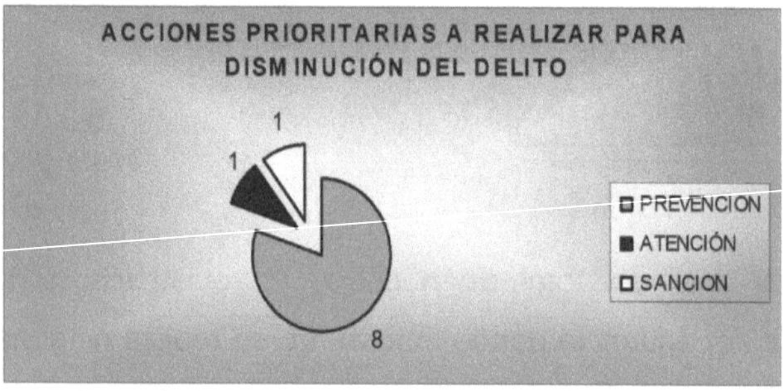

Se identificó que del total de los entrevistados, el 80% considera que lo más importante es la prevención, para así evitar que se sigan sumando más casos de mujeres violentadas, pues el proceder sólo cuando ya se puso la denuncia, es actuar de forma proactiva.

Pregunta 6.

a) Pregunta formulada:

¿Sabe si en la dependencia donde labora existe un programa o política pública tendiente a la prevención, atención y erradicación de la violencia contra la mujer?

b) Que se pretendió medir

Establecer si las dependencias que les corresponde realizar acciones preventivas para disminuir los casos de mujeres víctimas de violencia, lo han hecho.

c) Consideraciones respecto al objeto de estudio

Conocer si las dependencias ponen en prácticas programas de prevención del delito.

d) Análisis de los resultados

Se observó que el 60% de los entrevistados señala que en la dependencia donde ellos laboran, si existe un programa pero este es tendiente únicamente a las acciones que se deben realizar cuando ya se ha cometido el delito.

Pregunta 7

a) Pregunta formulada

¿Ha participado o impartido cursos o talleres sobre violencia contra la mujer?

b) Conocer si los servidores públicos que son especializados en el tema han impartido cursos a compañeros o población en general para dar a conocer lo que es la violencia contra la mujer

c) Lo anterior, derivado de la necesidad actual de que las platicas informativas, congresos, programas de prevención, etcétera, sean impartidos por personas especialistas en el tema.

d) Análisis de los resultados

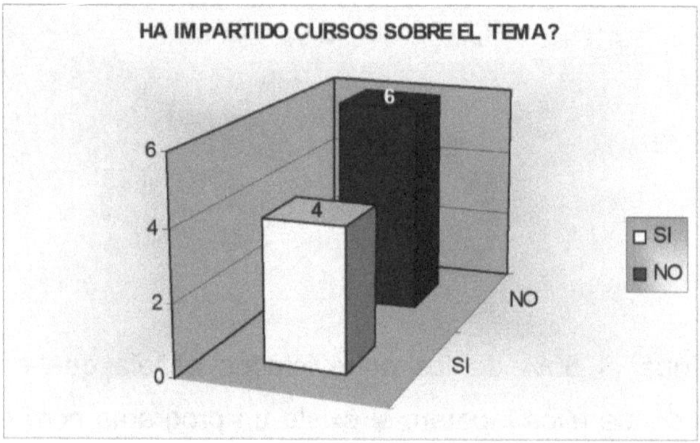

A través de esta pregunta nos podemos dar cuenta que sólo el 40% de nuestros entrevistados, especialistas en la violencia contra la mujer y en el trato que se le debe de dar a dichos casos, primero para identificarlos, afrontarlos y superarlos, no han impartido ningún curso, por lo que es un recurso humano que está siendo desaprovechado.

Pregunta 8

a) Pregunta formulada

De los cursos o talleres que se imparten en la dependencia, ya sea a la comunidad o al personal. ¿A cuál de las acciones van encaminados, a prevenir, atender o sancionar.

b) Conocer si las dependencias estatales al impartir talleres o cursos, se están enfocando únicamente en la atención del delito o en su prevención.

c) Consideraciones respecto al objeto de estudio
Al ser el tema en estudio la necesidad de la prevención de la violencia contra las mujeres, saber si las dependencias lo están llevando a cabo.

c) Análisis de los resultados

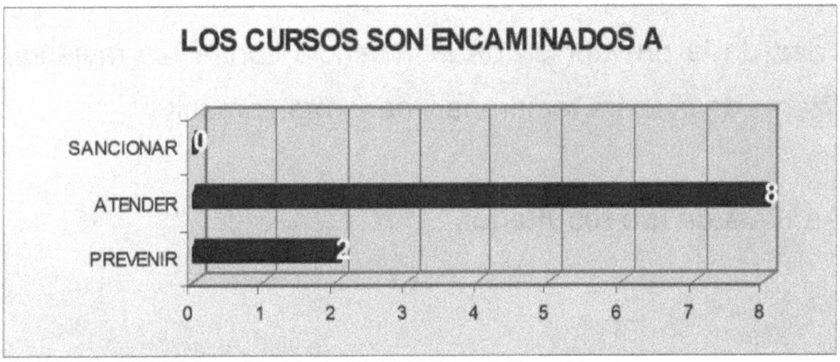

Se observó que el 80% de nuestra muestra, considera que los cursos que han recibido o que imparten la dependencia están dirigidos a la atención del delito, por lo que se toman acciones por parte de la dependencia hasta que la mujer ya ha sufrido la violencia.

Pregunta 9

b) Pregunta formulada

¿En la dependencia donde labora, se le da seguimiento a los casos de violencia contra la mujer que atienden? En qué consiste dicho seguimiento?

b) Conocer si las dependencias estatales al tener conocimiento de un caso de violencia, se atiende a la victima para prevenir que ésta reproduzca la violencia que sufrió con sus familiares, o si se atiende a hijos de victimas para de igual manera prevenir que se formen estereotipos de violencia

c) Consideraciones respecto al objeto de estudio

La necesidad de la prevención de la violencia contra las mujeres, debe realizarse de manera temprana y de forma primaria.

d) Análisis de los resultados

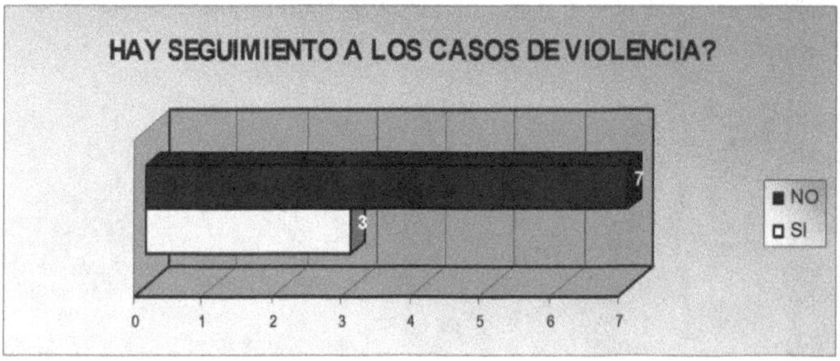

Se observó que el 70% de nuestra muestra, considera que no se le da un seguimiento oportuno y eficiente a los casos que se denuncian por violencia contra la mujer.

Pregunta 10

c) Pregunta formulada

¿Qué acciones propondría para disminuir la violencia contra la mujer?.

b) Conocer la opinión de expertos en el tema, sobre las acciones que ellos consideran fundamentales lograr disminuir los casos de violencia.

c) Consideraciones respecto al objeto de estudio

Al ser el tema en estudio la necesidad de la prevención de la violencia contra las mujeres, saber si las dependencias lo están llevando a cabo.

e) Análisis de los resultados

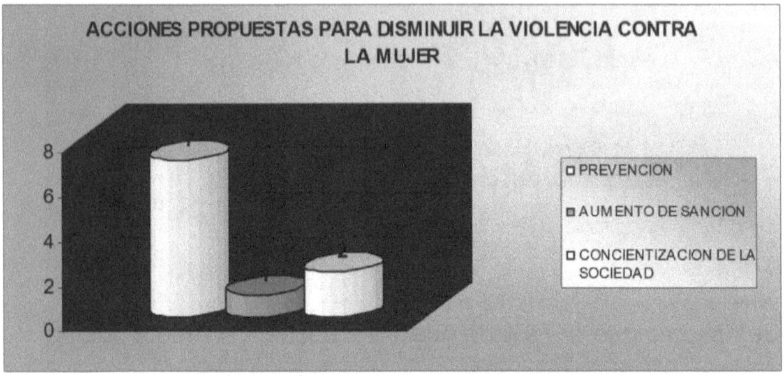

Se observó que el 70% de nuestra muestra, considera que la acción más importante y relevante que debe aplicarse para lograr la disminución de la violencia contra la mujer en el estado es la PREVENCIÓN de conductas violentas.

CONCLUSIONES

La finalidad del presente fue dejar de manifiesto la situación actual en que viven las mujeres jaliscienses, de qué manera se les minimiza o incuso excluye de sus derechos en diversos aspectos sociales. Por lo que a manera de conclusión se establecerán algunos puntos torales que se conocieron y se concluyeron a través del transcurso del presente acerca de la situación actual de la violencia contra la mujer en el estado de Jalisco y si las políticas públicas aplicadas hasta el momento han sido las idóneas para lograr que se disminuya el citado problema social.

Del estudio de la violencia que sufren las mujeres, en los ámbitos en los que se desarrolla, ya sea social, cultural, político y hasta económico, se puede enfatizar en que a consecuencia de la implementación de tratados internacionales en México, como la

CEDAW y COCEDAW, es que de manera similar se han realizado en el país y en nuestro estado leyes protectoras a las mujeres, tendientes a reducir la inequidad existente hacia el género femenino, sin embargo aun con ésta derrama legislativa, la violencia contra las mujeres, no sólo no se ha podido erradicar, sino que apenas se ha logrado disminuir, lo que deja de manifiesto que la sola existencia de leyes que castiguen el delito y señalen las acciones a realizar por el estado y sus dependencias, en tanto éstas, en primer lugar se realicen y en segundo término se realicen de manera adecuada y ordenada, es que se logrará disminuir las acciones violentas.

Por ello es que se deben establecer de manera coordinada las acciones que se necesitan llevar a cabo en las instituciones o dependencias estatales encargadas de prevenir, atender y sancionar la violencia contra las mujeres, para poder avanzar en el mejoramiento de las condiciones de vida de las jaliscienses.

En el estado de Jalisco, como en todo el país, la desigualdad de derechos entre género masculino y femenino ha originado una lucha de sexos y de poder, desigualdad y discriminación que viene dándose a través de la historia de la humanidad, originando que las mujeres sigan siendo relegadas en los ámbitos social, cultural, político, económico, etcétera, por lo que continúan bajo la subordinación del género masculino. Y como se menciono al inicio, aun y cuando se han realizado avances legislativos en el estado, éste ha sido mínimo, siendo necesario se realicen acciones que sean implementadas adecuadamente.

Sin duda alguna, en México, uno de los grandes avances que se dio para apoyar a las mujeres, fue la implementación de la CEDAW en 1981, empero a más de treinta años de distancia no se han podido seguir fielmente los lineamientos contenidos en ella, debido a factores como: la corrupción, la falta del conocimiento sobre la existencia de la convención, sus alcances y aplicación, falta de profesionalismo de los funcionarios para establecer medidas eficientes y eficaces, escasez de recursos destinados a la aplicación de programas preventivos en relación a la equidad de género.

La corrupción es uno de los mayores obstáculos para implementar la convención, pues no se aplican los recursos que se destinan para los programas que son creados supuestamente para multiplicar en la sociedad. Por ejemplo la mujer ha logrado un avance en el área educativa, pues el número de mujeres que continúa estudiando es cada vez mayor, sin embargo esto no se da equitativamente en todos los estratos sociales, existiendo una gran diferencia en el número de mujeres que estudia en la zona rural y la urbana.

Por otro lado, la jerarquización de actividades es y continúan siendo causa de estereotipos, producto de nuestra cultura patriarcal, originando que haya actividades ya sea masculinizadas o feminizadas. Las actividades de las mujeres se siguen considerando como del ámbito privado, atribuyéndoles el trabajo domestico y cuidado de los hijos e hijas. Generando con esto la división de sexos, que se inicia desde la familia hasta el ámbito profesional, desde la asignación de actividades para hombres y mujeres, así como la desvalorización de las capacidades de las mujeres.

Los estereotipos han creado la imagen de la mujer como sumisa y débil, lo que ha influenciado para la jerarquización de las actividades laborales, por lo que generalmente son los hombres los que ocupan puestos de liderazgo en tanto son pocas las mujeres que llegan a ocupar estos puestos, llegando a ser los estereotipos un obstáculo para el desarrollo de las mujeres, pues aun cuando el género femenino a demostrado que tienen iguales capacidades que el hombre para desempeñar cualquier trabajo, en cualquier área y sector de la sociedad, sin embargo a pesar de que recientemente más mujeres incursionan en empleos o sectores catalogados como "masculinos, su participación continúa siendo mínima y limitada.

El ingreso de las mujeres en el sector laboral ha acarreado beneficios para la sociedad y el desarrollo del país participando en el crecimiento económico, sin embargo se le sigue limitando para poder acceder a todos los sectores laborales, relegándosele en determinadas actividades, por ejemplo el sector manufacturero. Existen pocas oportunidades para que las mujeres trabajen medio tiempo y puedan cuidar a sus hijos, debido a la inaccesibilidad de las condiciones establecidas por las empresas, teniendo que recurrir al sector informal.

Aunado a todo lo expuesto anteriormente, otro aspecto a resaltar, es la falta de difusión de la CEDAW en el país y por ende su imitada aplicación; además de la falta de profesionalismo por parte de la mayoría de los funcionarios al no tener conocimiento de la CEDAW, ni de las leyes estatales que han surgido a raíz de la misma, por lo tanto no la aplican. Deduciendo que uno de los principales trabajos del gobierno y las instituciones es resolver la ineficacia que muestran al implementar los instrumentos legales nacionales e internacionales, pues ¿de qué sirve que se firmen los Tratados y convenciones si no van a aplicar adecuadamente? Es ahí donde el Estado demuestra su falta de compromiso para dar prioridad a aquellas convenciones enfocadas al desarrollo de la sociedad en general, sin distinción de género.

Las mujeres en Jalisco continúan sufriendo violencia física, sexual, psicológica, y cada vez aumenta más el número de víctimas, llegando incluso a ocupar Jalisco el primer lugar nacional de violencia psicológica contra la mujer.

Es importante señalar que no se trata de intercambiar el rol entre ambos géneros, en donde ahora las mujeres dominen al hombre, no es una lucha de poder; el objetivo primordial es que exista un cambio de mentalidad, que genere una igualdad y equidad de género, donde ambos tengan los mismos derechos y oportunidades en cualquier rama de la vida social, así como generar una participación equitativa en todos los sectores. Cambio de mentalidad que no se dará por sí sólo, sino que debe existir la participación de autoridades, instituciones y gobernados, entrando ahí la prevención, al ir modificando concepciones culturales arraigadas donde se le desvaloriza a la mujer, cambiar los estereotipos de feminizar y masculinizar las actividades, enseñar la equidad de género.

FUENTES DE CONSULTA

MATERIAL BIBLIOGRÁFICO

- Álvarez S. "Diferencia y teoría feminista", en E. Beltrán, V. Maquieira, S. Álvarez y C. Sánchez. *Feminismos. Debates teóricos contemporáneos.2001*
- Aramoni, Aniceto, *Psicoanálisis de la dinámica de un pueblo,* México, UNAM, 1961.
- Arrom, Silvia. Las mujeres de la ciudad de México, 1790-1857. México, Editorial Siglo XXI. 1985
- Barquet Mercedes, *Porque hablar de género,* Examen, México, diciembre 1998.
- Beauvoir, Simone. de. (1993). *El segundo sexo. I. Los hechos y los mitos.* México, Alianza Editorial / Siglo Veinte. 1993
- Binstock, Hanna. *Violencia en la Pareja.* Tratamiento legal. Evolución y Balance. Comisión económica para América Latina y el Caribe. Santiago de Chile, 1998.
- Bordieu Pierre. *La dominación masculina.* Barcelona: Anagrama. 1995, 2000.
- Bosch Esperanza. "Nuevas estrategias en las relaciones hombre-mujer", en *Papeles de cuestiones internacionales.* N° 73, Madrid, Catedra, 2001, pp. 83-90,
- Bosch Esperanza y Ferrer Victoria. *La voz de las invisibles. Las víctimas de un mal amor que mata.* Madrid: Cátedra. 2002
- Boserup, Ester, "La mujer y el desarrollo económico", Ed. Minerva, 1993, España

- Carranza Casares, Carlos. Violencia en la Familia y Juzgados de Familia. Derecho de Familia- Revista Interdisciplinaria de Doctrina y Jurisprudencia. Buenos Aires .Vol.12: 153. Edit. Abeledo-Perrot.
- Cazés Menache Daniel, "*Género*", Ed. Plaza y Editores, España, 2005.
- Cobo Rosa "*Ciudadana Mujer*", *Premio de divulgación feminista Carmen de Burgos (1993-2000).* Málaga. 2000. Asociación de Estudios Históricos sobre la Mujer (A.E.H.M.). Universidad de Málaga.
- Compilación de Instrumentos Jurídicos Internacionales para la Protección de los Derechos de las Mujeres, niñas y niños. Instituto Jalisciense de las Mujeres. Ed. Prometeo. Guadalajara, Jal. México 2003.
- Corsi, Jorge. *Violencia familiar. Una mirada interdisciplinaria sobre un grave problema social.* Paidós. Buenos Aires.1994
- Corsi Jorge; M. L. Dohmen;. *Violencia masculina en la pareja. Una aproximación al diagnóstico y a los modelos de intervención.* México, Buenos Aires, Barcelona: Paidós. 1999.
- Duarte Patricia y González Gerardo. *La Lucha contra la Violencia de Género en México.* Asociación Mexicana contra la violencia contra las mujeres, A.C. 1994.
- Engels, Federico. El origen de la Familia, la propiedad privada y el Estado. Editorial Perú Andino. 1998 p. 49
- Diccionario de filosofía. Tomo I, II, III. Alianza, Madrid, 1981
- Fernández, C. *Una concepción de agresión en una sociedad sexista.* En Violencia y sociedad patriarcal. Maqueira, B. Sánchez, C. comp. Pablo Iglesias. Madrid. 1990

- Ferreira BG. La mujer maltratada. Un estudio sobre las mujeres víctimas de la violencia doméstica. Buenos Aires: Editorial Sudamericana, 1989:
- Ferrer Mauricio. Artículo *Carece el gobierno de plan de acciones a corto plazo para erradicar la violencia contra mujeres.* Diario La Jornada. Guadalajara, Jalisco. 26 noviembre 2008
- Galeana, 2004; 490-492ª
- Goldenberg P, Medrado MA, Pasternostro MA. La violencia contra la mujer. Una cuestión de salud. Cuadernos Médico Sociales 1989;.
- Galtung Jhon. Sobre la Paz. Editorial Gernika. 1985.
- Galtung Jhon , *Cultural Violence*, *Journal of Peace Research,* 27, n°3, 2000.
- Galtung Jhon. *Investigaciones teóricas. Sociedad y Cultura Contemporáneas.* Madrid: Tecnos / Instituto de Cultura "Juan Gil-Albert" 1995.
- Galtung Jhon. Tras la violencia 3R: reconstrucción, reconciliación, resolución. Afrontando los efectos visibles e invisibles de la guerra y la violencia. Bilbao. 1998.
- Gonzalbo, Pilar, *Educación femenina del siglo XV.* Segundo Concurso de Reflexión sobre Derechos Humanos. *CNDH*
- González Marín, María Luisa, "Metodología para los estudios de género" México, UNAM, Instituto de Investigaciones Económicas, 1996
- González, Mirta, *El sexismo en la educación* Editorial de la Universidad de Costa Rica, 2000

- González M. J. "Algunas reflexiones en torno a las diferencias de género y la pobreza". *Pobreza y perspectiva de género.* 2001.
- Heise y C. García-Moreno. "Violencia en la pareja", en VV. AA. Informe mundial sobre la violencia y la salud. Washington: Organización Panamericana de Salud.2003
- Hernández Sampieri, Roberto, Fernández Baptista. *Metodología de la Investigación.* Ed. McGraw-Hill, 5 Edición, México. 2008
- INEGI, *Encuesta Nacional de Empleo*, 2000.
- INEGI-Inmujeres, *Mujeres y Hombres en México,* 2003.
- INEGI e Inmujeres, *Uso del tiempo y aportaciones en los hogares mexicanos, 2002*.
- Instituto Nacional de las Mujeres, México, 2001
- La Cifra Negra de la Delincuencia en México: Sistema en Encuesta sobre Victimización., Ed. UNAM 2002.
- Lagarde, Marcela, *Los cautiverios de las mujeres: madresposas, monjas, putas, presas y locas,* México, UNAM, 1997.
- Lagarde Marcela *Género y feminismo. Desarrollo humano y democracia.* Madrid. Horas y Horas. Segunda edición de 1997.
- Lagarde, Marcela. *El feminismo en la nueva constituyente, Fem.*, México, año 18, núm.141, noviembre, 1994.
- Lamas, Martha. "El género: la construcción cultural de la diferencia sexual", México, UNAM, Programa Universitario de Estudios de Genero, 1996,

- López y B. Sierra (2001). *Integrando el análisis de género en el desarrollo. Manual para técnicos de cooperación*. Madrid: IUDC/UCM.
- *Los derechos de la mujer, responsabilidad de todos*. Carpeta informativa básica num.2. Oficina del alto comisionado para los derechos humanos. 1997
- Magallón Carmen, *Cultura de paz y perspectiva de género*, en las actas del Congreso Educar para la paz, organizado por la universidad de Alicante, los días 15, 16 y 17 de noviembre de 2000. págs. 15-21.
- Maquieira V. (2001). "Género, diferencia y desigualdad", en E. Beltrán, V. Maquieira, S. Álvarez y C. Sánchez. *Feminismos. Debates teóricos contemporáneos*. Madrid: Alianza.
- Montagut Teresa, *¿Es femenina la paz?*, en las actas del Congreso Educar para la paz, organizado por la universidad de Alicante, los días 15, 16 y 17 de noviembre de 2000.
- Montañés v. y M. Aguirre (2000). "Feminismo, género y conflictos", en E. Bosch; V.A. Ferrer y T
- Murillo S. (2000). Relaciones de poder entre hombres y mujeres. Los efectos del aprendizaje de rol en los conflictos y en la violencia de género. Madrid. Federación de Mujeres Progresistas.
- Oficina de la Naciones Unidas en Viena, Centro de Desarrollo Social y Asuntos Humanitarios. Violencia contra la Mujer en la Familia. Naciones Unidas, 1995.

- Oficina de la Naciones Unidas en Viena, Centro de Desarrollo Social y Asuntos Humanitarios. Violencia contra la Mujer en la Familia. Nueva York: ONU, 1989:
- Panorama de Violencia contra las Mujeres Jalisco. ENRIREH 2006. Ed. Instituto Nacional de Estadística Geografía e Informática. 2007.
- Perez Contreras Marlo de Monserrate, *"La violencia contra la mujer, un acercamiento al problema"* Boletín Mexicano de Derecho Comparado, nueva serie, año XXXV, núm. 103, enero-abril de 2002, pp. 197-218.
- Pérez; C. Negreada; F. Martín y T. Sancho *Violencia física y acoso sexual.* Madrid. Ministerio de Trabajo y Asuntos Sociales. Instituto Nacional de Seguridad e Higiene en el Trabajo. 2001
- Pérez, Duarte y Noroña Alicia Elena. *La Condición Jurídica de la Mujer en Jalisco* Estudio de Derecho Comparado entre los Convenios Internacionales y la Legislación Local. Ed. Prometeo. Guadalajara, Jal. México 2003.
- Petiggiani, Eduardo Julio. Familia y Justicia (Hacia una realización del derecho justicial material en el derecho de familia). Derecho de Familia – Revista Interdisciplinaria de Doctrina y Jurisprudencia. Buenos Aires Vol.14: 52. Rdit. Abeledo-Perrot.
- Platón, La República. Editorial F.C.E. p. 36
- Reforma Constitucional de Seguridad y Justicia, Gobierno Federal, México, Julio 2008.
- Rodríguez, María de Jesús, *La mujer y la familia en la sociedad mexica,* en Presencia y Transparencia, El Papel

de la Mujer en la Historia de México. México, El Colegio de México, 1992.

- Rojas L. *Las semillas de la violencia.* Madrid: Espasa-Calpe.1995
- Ruiz Carbonell Ricardo, *La Violencia Familiar y los Derechos Humanos*, Comisión Nacional de Derechos Humanos, México 2002
- Sáez, C. *Violencia y proceso de socialización genérica: enajenación y transgresión, dos alternativas extremas para las mujeres.* En Violencia y sociedad patriarcal. Maquieira, V. y Sánchez, C. (comp.). Pablo Iglesias. (1990)
- Saltzman Janet. *Equidad y género. Una teoría integrada de estabilidad y cambio.* Madrid. Cátedra. Universitat de Valencia. 1989. Instituto de la Mujer.
- Sánchez, Vázquez, Adolfo, *El mundo de la violencia.* Fondo de la cultura Económica. México 1998.
- Scott y Garret 1985.
- Stokes W. "Violencia doméstica", en P. de Villota (ed.). Globalización a qué precio. El impacto en las mujeres del Norte y del Sur. Barcelona: Icaria. 2001.
- Sullivan CM. The provision of advocacy services to women leaving abusive partners. An exploratory study. J Interpersonal Violence 1991
- Torres, M. F. . *La violencia en casa*, México: Ed. Paidós. 2005.
- Tortosa J. M.. *Sociología del sistema mundial.* Madrid. Tecnos. 1992.
- Tortosa J.M. "Recomendaciones para el estudio de las violencias", en *Alternativas,* n°10, 2002.

* Valenzuela y Gómez Gallardo. 2002.
* Vila de Gerlic, Ma. Cristina, "Creencias sociales que sustentan la violencia hacia la mujer".
* Witker, Jorge y Larios Rogelio. *Metodología Jurídica*. Ed. McGraw Hill. México 1999
* Yllán, Bárbara y Marta de la Lama, *Ley de asistencia y prevención de la violencia intrafamiliar. Construyendo la igualdad*, Ed. Porrúa, México, 2002.
* Young A, McFarlane J. Preventing abuse during pregnancy: A national educational model for health providers. J Nursing Education 1991.
* Riera (comps). *Una ciencia no androcèntrica. Réflexions multidisciplinaires.* Palma. Universitat de les Illes Balears. Págs. 217-234.
* La violencia intrafamiliar dentro de la Legislación Mexicana. Editorial Porrúa.

MATERIAL JURIDICO

* Constitución Federal de los Estados Unidos Mexicanos
* Ley General de Acceso a las Mujeres a una Vida libre de Violencia
* Ley Estatal para la Prevención y Atención de la Violencia Intrafamiliar
* Ley Estatal para la Detección, Prevención y Erradicación de la Violencia de Género en contra de las Mujeres para el Estado de Jalisco y sus Municipios
* Ley de Seguridad Pública para el Estado de Jalisco

- Ley del Instituto Jalisciense de las Mujeres
- Ley orgánica de la Fiscalía General de Justicia del Estado de Jalisco
- Código Penal para el Estado de Jalisco

MATERIAL HEMEROGRÁFICO

- Ramírez Álvarez Víctor. Artículo *Violencia contra las mujeres, sin acuerdo para solucionarla,* Periódico El Occidental. Guadalajara, Jalisco. 26 noviembre 2008.
- Ferrer Mauricio. Artículo *Carece el gobierno de plan de acciones a corto plazo para erradicar la violencia contra mujeres.* Diario La Jornada. Guadalajara, Jalisco. 26 noviembre 2008.
- Estrada José David, Gutiérrez Mario, Artículo *Publica el Ejecutivo un reglamento omiso*, Periódico Mural, Guadalajara, Jalisco 25 noviembre 2008
- Bareño Domínguez Rosario, Artículo *Jalisco es tercer lugar nacional en feminicidios* Periódico Público. Guadalajara, Jalisco 20 noviembre 2008
- Artículo *Poco que festejar en la conmemoración del día contra la violencia hacia las mujeres.* Diario El Informador. Guadalajara, Jalisco 24 noviembre 2008.

MATERIAL ELECTRÓNICO

- www.cddhcu.gob.mx/LeyesBiblio/ref/lgamvlv.htm

- www.diputados.gob.mx/LeyesBiblio/pdf/1.pdf
- www.congresojal.gob.mx/BibliotecaVirtual/busquedasleyes/buscador_leyes_estatales.cfm
- www.congresojal.gob.mx/BibliotecaVirtual/busquedasleyes/buscador_codigo_penal.cfmggg
- www.violenciadegenero.info/2009/03/12/argentina-aprueba-su-ley-integral-contra-la-violencia-de-genero/
- www.cajpe.org.pe/rij/bases/legisla/bolivia/ley2.HTM
- www.planalto.gov.br/ccivil_03/_Ato2004-2006/2004/Lei/L10.886.htm
- www.isis.cl/temas/vi/balance/portadanew.htm
- www.undp.org/rblac/gender/campaign-spanish/brasil.htm. ONG CEPIA (Ciudadanía, Estudio, Investigación y Acción).
- www.cajpe.org.pe/RIJ/bases/legisla/chile/9325.pdf
- www.isis.cl/temas/vi/balance/portadanew.htm
- www.cajpe.org.pe/rij/bases/legisla/colombia/mu2.HTM
- www.inamu.go.cr/publicaciones/ley_violencia_domestica.pdf
- www.cajpe.org.pe/rij/bases/legisla/ecuador/ley9.HTM
- www.asamblea.gob.sv/leyes/19960902.htm
- www.216.184.102.84/indice.nsf
- Informe Anual de la Comisión Interamericana de Derechos Humanos, 2002 OEA/Ser.L/V/II.117
- www.guatemala.at/navegation_links/archiv/05-2008%20CIFCA%20Ley%20contra%20el%20%20femicidio.pdf
- www.ciprodeh.org.hn/Leyes%20Descargables/Violencia_domestica.pdf
- www.omct.org/pdf/VAW/NicaraguaSPA2001.pdf

- www.legalinfo-panama.com/articulos/articulos_51a.htm
- www.kunaaty.org.py/LEY%201600.htm
- www.uprm.edu/procuraduria/docs/LeyContraelAcecho.pdf

http://www.parlamento.gub.uy/Leyes/Ley17514.htm

FSC
www.fsc.org
MIX
Papier | Fördert
gute Waldnutzung
FSC® C083411

Kolibri 360 GmbH
Ferdinand-Jühlke-Straße 7
99095 Erfurt, Deutschland
produktsicherheit@kolibri360.de

Druck:
CPI Druckdienstleistungen GmbH
im Auftrag der
Kolibri 360 GmbH
Ferdinand-Jühlke-Str. 7
99095 Erfurt